品牌出海策略研究

谭书旺 著

图书在版编目（CIP）数据

品牌出海策略研究 / 谭书旺著 . -- 北京 : 企业管理出版社，2020.7

ISBN 978-7-5164-2153-6

Ⅰ . ①品… Ⅱ . ①谭… Ⅲ . ①品牌战略－研究－中国 Ⅳ . ① F279.23

中国版本图书馆 CIP 数据核字 (2020) 第 092802 号

书　　名：品牌出海策略研究
作　　者：谭书旺
责任编辑：寇俊玲　田　天
书　　号：ISBN 978-7-5164-2153-6
出版发行：企业管理出版社
地　　址：北京市海淀区紫竹院南路 17 号　邮编：100048
网　　址：http://www. emph. cn
电　　话：编辑部（010）68701638　发行部（010）68701816
电子信箱：qyglcbs@emph. cn
印　　刷：北京虎彩文化传播有限公司
经　　销：新华书店
规　　格：145 毫米 ×210 毫米　32 开本　8.25 印张　186 千字
版　　次：2020 年 7 月第 1 版　2020 年 7 月第 1 次印刷
定　　价：58.00 元

前　言

品牌，是企业乃至国家竞争力的综合体现，它标志着供给结构和需求结构的升级方向。

当前，世界经济深刻变革，我国经济发展进入新常态，传统外贸竞争优势弱化，国际自主品牌产品市场占有率偏低，竞争力不强。

为适应新形势新要求，加快培育山东省的国际自主品牌，2016 年 3 月 22 日，山东省政府办公厅专门印发了《山东省人民政府办公厅关于加快培育国际自主品牌的实施意见》（鲁政办发〔2016〕9 号），从总体要求和工作目标、工作重点、保障措施三个方面全面部署了山东省的国际自主品牌培育工作。

本书内容是山东省教育厅立项重点资助的 2017 年度山东省职业教育教学改革研究项目“自主品牌国际化教学案例库建设与研究”的主要研究成果之一部，旨在通过对中国代表性国际自主品牌国际化市场行为的研究，探索自主品牌国际化的规律，通过高等职业教育外向型商业人才的培养和相关的企业培训，引导山东省乃至全国更多的自主品牌实现国际化，培育出更多、更强的国际自主品牌。

本书通过对分布在消费电子、食品饮料、纺织服装、日用化工、旅游服务、汽车、信息技术、文化传媒等 10 余个行业中的海尔、青岛啤酒、波司登等 50 多个代表性国际自主品牌的 225 个国际化市场行为案例的研究，总结出自主品牌国际化的 16 个策略，即本地化策略、海外并购策略、合作推广策略、展会推广策略、活动推广策略、产品创新策略、赞助策略、借船出海策略、商标国际注册策略、海外媒体传播策略、明星代言策略、海外上市策略、海外投标策略、国际认证策略、迂回进入策略和品牌延伸策略，并对每一个策略的概念和特点进行了界定和描述，对每一个策略的行业应用集中度及分行业应用案例进行了详尽的分析，对于高等教育中外向型商业人才的培养、社会服务中外向型企业的员工培训都具有重要的借鉴意义。

同时，本书也可作为正在推行或准备推行国际化战略的自主品牌企业的中高层管理者、市场营销人员和品牌管理人员的业务参考用书。

鉴于作者的水平有限，加之成书时间较为仓促，书中挂一漏万和表述不周之处在所难免，恳请广大读者批评指正。

谭书旺

2020 年 3 月

目　录

第一章　本地化策略

一、本地化策略概述

本地化策略是指品牌商在目标市场本地独资或合资合作建立销售网点、设立分公司、地区总部或全球总部、生产或研发（设计）中心、客服（呼叫）中心或售后服务网点的策略。通过本地化销售经营、生产或研发（设计）或服务，可以实现绕过关税壁垒、降低物流成本、充分利用当地政策优势、提高客户服务质量、近距离了解当地用户的个性化需求从而定制化开发生产适销对路的产品、实现对客户的全面服务进而增加品牌美誉度、拉动目标市场所在地就业并增加品牌亲和力等目的。

因此，本地化策略又可细分为本地化销售策略、本地化经营策略、本地化生产策略、本地化研发策略、本地化服务策略。其中，本地化销售策略是指在目标市场本地设立销售网点；本地化经营策略是指在目标市场本地设立分公司、地区总部或全球总部等经营管理机构；本地化生产策略是指在目标市场本地设立生产基地；本地化研发策略是指在目标市场本地设立研发中心或研发基地；本地化服务策略是指在目标市场本地设立客服（呼叫）中心或售后服务网点。

本地化策略是自主品牌国际化策略中应用频率最高的策略。在本书研究选取的 225 个案例中，应用本地化策略的案例高达 57 个，占比 25.33%。其中，42.1% 应用于汽车行业，

19.3% 应用于纺织服装行业，19.3% 应用于消费电子行业，在日化、食品饮料、旅游服务、信息技术行业的应用均不足10%。

本地化策略在各行业中的应用频率具体如下图所示。

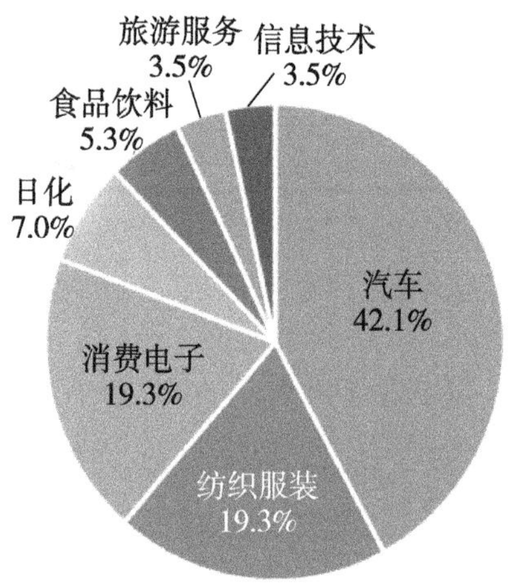

图　本地化策略在各行业的应用频率

二、汽车行业的本地化策略应用分析

1. 长城汽车的本地化策略应用

中国汽车品牌长城通过在俄罗斯和泰国成立子公司、开设自营 4S 店、全工艺制造工厂，运用本地化经营、本地化销售、本地化生产等本地化策略，进一步了解当地市场的法律法规、消费喜好及质量管理体系，进而高效生产出更加贴合当地市场需求的产品，有效地提升了品牌的知名度和美誉度。同时，还可利用生产工厂优越的地理位置，辐射俄罗斯和泰国周边国家市场。

（1）全面扎根俄罗斯。

2014年2月，长城汽车投资32亿元在俄罗斯注册成立了首家海外全资子公司——哈弗汽车俄罗斯有限公司（简称俄哈弗）。

2015年，长城汽车在俄罗斯的首家自营4S店正式营业，同年长城汽车在海外首个四大全工艺独资制造工厂图拉工厂正式动工。2019年6月5日，图拉工厂正式竣工投产，同时首款哈弗F7在此工厂下线并在俄罗斯上市。

图拉工厂位于俄罗斯图拉州乌兹洛瓦亚工业园内，生产的产品不仅能够覆盖俄罗斯本地市场，也将辐射哈萨克斯坦、阿塞拜疆、摩尔多瓦、吉尔吉斯斯坦等俄罗斯周边国家。优越的地理位置使其成为长城汽车打通亚洲和欧洲市场的重要节点，是长城汽车走向欧洲乃至全球市场的出发点。

图拉工厂投产后，总产值可超过180亿元人民币，实现利税超30亿元人民币，拉动当地约4000人就业，将带来显著的经济与社会效应。更重要的是，通过引入先进的生产技术、品质管理和环保举措，图拉工厂还将形成“榕树效应”，带动当地形成汽车制造产业群和下游产业链，进而推动当地的产业结构进一步转型升级。

通过本土化的深入布局，长城汽车更进一步了解所处市场的法律法规、消费喜好及质量管理体系，进而高效地生产出更加贴合当地市场需求的产品。未来，长城汽车将不断向全球消费者提供具有创新、新技术、可信赖的产品，并让全球消费者获得优质的服务体验。

（2）在印度设立生产工厂。

2020年1月17日，长城汽车发布公告称，已经与通用汽车签订协议，收购通用汽车印度塔里冈工厂，正式进军印度市场。公告显示，双方达成的该笔收购交易将于 2020 年下半年完成。据悉，双方交易金额可能在 2.5 亿 ~3 亿美元。

此举将推动长城汽车在印度生产和销售汽车的计划。对此，长城汽车战略副总裁表示，印度市场潜力大，经济增长迅速，投资环境好，进军印度市场是长城汽车全球化战略的重要布局。稍后长城汽车将在印度德里国际车展上发布哈弗品牌及长城 EV，并发布印度市场战略。

2018 年，印度国内汽车销量达到 338 万辆，成为全球第四大汽车市场，仅次于中国、美国、日本。从消费结构看，受制于经济发展，其整体市场结构偏低端化，主要以微型、小型车为主，更具性价比的中国 SUV 车型需求量旺盛，长城汽车正是看中了这一点。对于长城汽车而言，进军印度市场是公司海外经营的再次发力，也是缓解国内市场疲软表现和开拓市场的最新战略。

（3）在泰国设立生产工厂。

2020 年 2 月 17 日，长城汽车与通用汽车共同宣布，长城汽车将收购通用汽车的泰国罗勇府制造工厂，并计划在 2020 年年底完成交易和最终的移交工作。

泰国有着“亚洲底特律”的美誉，拥有完整、成熟的汽车供应链，整体的产业自制率相对较高。全球百大零配件供应商中，有超过半数在泰国设立分公司或工厂。泰国汽车产业是出口导向，长城汽车在泰国设厂除了可以供应泰国本土市场外，还能将产品出口到其他东盟国家及澳大利亚等国。

未来，长城汽车将以俄罗斯图拉工厂、印度塔里冈工厂、泰国罗勇府制造工厂三大全工艺整车工厂为区域中心，与厄瓜多尔、保加利亚、突尼斯、马来西亚等KD组装厂形成链接，共同支撑长城汽车在海外的发展。

2. 比亚迪的本地化策略应用

中国汽车品牌比亚迪通过在保加利亚、美国、巴西、英国、法国、匈牙利和加拿大设立电动大巴生产工厂或研发中心，运用本地化生产和本地化研发策略，有效地提升了品牌的综合竞争力，品牌的知名度和美誉度得到了进一步提升。

（1）在保加利亚公司设立电动大巴工厂。

2012年12月11日，比亚迪公司与保加利亚能源公司Bulmineral在保加利亚的布雷兹尼克市正式签约成立合资公司，在保加利亚建厂组装生产电动公交大巴。

合资公司组装厂位于保加利亚首都索非亚以西50千米的布雷兹尼克市，比亚迪公司和Bulmineral各持有新成立合资公司50%的股份。

随着新合资公司的成立，比亚迪成为继长城汽车之后打入保加利亚市场的中国自主汽车品牌。

（2）在美国设立电动大巴工厂。

2013年5月2日，比亚迪位于美国加利福尼亚州南部城市兰卡斯特(Lancaster)的首家工厂落成。这是比亚迪在美洲的第一家电动巴士生产厂，也是美国境内率先全中资建设的清洁能源汽车工厂，专门生产纯电动巴士K9。2017年年初，比亚迪兰卡斯特工厂二期工程竣工投产，2017年10月，比亚迪兰卡斯特工厂三期工程竣工投产。

截至2017年10月，全美公交大巴的总量约为4000台，包括不同驱动类型，如纯电动、柴油、天然气大巴等。比亚迪已占据美国纯电动大巴 80% 以上的市场份额。

（3）在巴西投资建厂并成立研发中心。

2014 年 7 月 14 日，巴西坎皮纳斯市政府与比亚迪联合发布消息，正式对外宣布比亚迪于巴西投资设立首座电动大巴工厂，并成立研发中心和原型车制造中心，首期投资为 2 亿雷亚尔（巴西货币，约合 9100 万美元）。

这是比亚迪在拉美地区投资成立的第一家工厂，标志着比亚迪立足巴西、进军拉美已正式拉开帷幕。经过纯电动大巴在巴西一系列城市的巡展与路演后，坎皮纳斯市被最终选定作为比亚迪投资巴西市场的第一站。

这家工厂主要为电动大巴和铁电池模组组装工厂，同时也是比亚迪在拉美地区的研发中心，主要负责电动车、电池、智能电网、太阳能、LED 等项目的研发。

除电动大巴外，该工厂还将承担比亚迪太阳能板组装业务。比亚迪巴西分公司总经理李铁透露，该工厂将达到年产 500~1000 台大巴的产能，直接创造 450 个就业岗位。

（4）在英国设立电动大巴生产基地。

2015 年 10 月 21 日，比亚迪与英国最大的客车生产商亚历山大丹尼斯有限公司（以下简称 ADL）签署合作协议，共同生产纯电动大巴。

双方将结合各自的优势，比亚迪提供电池与底盘，ADL 制造车身。比亚迪方面透露，伦敦 51 台 12 米单层电动大巴的订单，将成为此次合作的第一个项目。这个订单打破此前荷兰 Schiphol 机场 35 辆的记录，比亚迪的底盘、所有的电动动力系统及车身将在 ADL 的苏格兰福尔柯克工厂进行组装。

（5）在法国设立电动大巴工厂。

2017 年 3 月 23 日，比亚迪宣布在法国上法兰西大区博韦市投资 1000 万欧元建设阿洛讷工厂。

2018 年 12 月 3 日，比亚迪在其位于法国博韦市的纯电动大巴工厂举行了该厂首批两台纯电动大巴的下线仪式。此批大巴将由法国公交运营商 Transdev 在博韦市运营，日均运营里程将达 160 千米。利用夜间谷价充电，单次充电后可供大巴运行一整天。

比亚迪欧洲责任有限公司总经理表示我们非常高兴法国工厂生产的首批电动大巴能够交予博韦市，这里是其工厂所在地。法国是欧洲最大的大巴和旅行客车市场之一，因此，比亚迪选择将工厂落户于此，同法国客户保持紧密联系，并为其提供最优质的服务，与当地比亚迪员工生产定制化巴士。比亚迪将秉承 2015 年巴黎峰会精神，助力打造具备法国风格的零排放纯电动大巴。

（6）在匈牙利设立电动大巴工厂。

2017 年 4 月 4 日，比亚迪在匈牙利北部城市科马罗姆设立的电动大巴工厂正式投产，这是该公司在欧洲投资兴建的第一座电动车工厂。

该厂总投资为 2000 万欧元，总雇佣人数将达 300 人。前期产品主要为纯电动大巴和纯电动旅游客车，后续还会生产电动叉车和其他轻型商用车，产品将会辐射整个欧洲大陆市场。

根据计划，匈牙利工厂双班年产量为 400 台电动大巴，将会为比亚迪与亚历山大 · 丹尼斯 (ADL) 合作的英国工厂及比亚迪法国工厂提供底盘。

比亚迪欧洲分公司总经理表示，之所以选址匈牙利，是因为其地处欧洲中部，拥有得天独厚的地理优势，以及其悠久的大巴生产制造历史和精湛的工程技术。此次匈牙利工厂的正式落成，是比亚迪欧洲乃至全球化战略的又一重要里程碑。

（7）在加拿大设立电动公交车工厂。

2019 年 6 月，比亚迪宣布，已在加拿大开设了首家工厂，最初将专注于为多伦多公交委员会 (Toronto Transit Commission) 生产电动公交车。这家工厂位于安大略省，占地面积为 45000 平方英尺（1 平方英尺 ≈ 0.1 平方米）。比亚迪公司表示，当地交通部门已经订购了 10 辆电动巴士，另外还有 30 辆可选订单。

比亚迪加拿大副总裁泰德·道林（Ted Dowling）表示，随着传统汽车制造商撤出加拿大，全国各地的市政当局正加倍努力，通过零排放的交通工具来应对气候变化。

3. 奇瑞的本地化策略应用

中国汽车品牌奇瑞通过在伊朗和巴西设立生产工厂，在加拿大和德国设立研发中心，运用本地化生产和本地化研发策略，有效提升品牌的综合竞争力，为提升奇瑞集团的整体品牌形象做出了贡献，为奇瑞汽车进入相关目标市场国家市场奠定了基础。

（1）在伊朗建立合资工厂。

2007 年 8 月 10 日，奇瑞汽车与伊朗最大的汽车集团 IRAN KHODRO(霍德罗) 及加拿大投资公司 SOLITAC 三方签署协议，共同投资在伊朗建立合资工厂。

合资工厂位于伊朗北部 MAZADARAN 省 BABOL 市，项目预计总投资3.7亿美元，出资比例为：奇瑞30%、IRAN KHODRO 49%、SOLITAC 21%。合资公司将使用奇瑞公司生产的CKD件，生产和销售S21车型(即QQ6)，在伊朗及周边国家销售。

奇瑞汽车有限公司董事长表示，此次合作能够增强奇瑞品牌在伊朗乃至整个中东市场的竞争力。

IRAN KHODRO成立于1962年,是伊朗最大的汽车制造商，主营业务是各种板车、卡车、轿车的生产和销售，在伊朗市场占有60%的市场份额，IRAN KHODRO拥有包括12家办事处及674家经销商的伊朗市场最大的分销系统。

（2）在巴西建立生产工厂。

2014年8月28日，奇瑞巴西工厂落成仪式在圣保罗州雅卡雷伊市举行。

该工厂是奇瑞公司在海外独资兴建的首个整车工厂，占地面积100万平方米，总投资4亿美元，一期产能每年5万台。二期项目建成后,产能将达到每年15万台,形成涵盖研发中心、主机厂、零部件厂等在内的全产业链体系，并创造超过3000个就业岗位，工厂将升级成为奇瑞产业园。未来，该工厂将作为整个南美的重要生产基地，将产品出口到其他国家。

（3）在加拿大设立研发中心。

2018年1月22日，奇瑞汽车“捷途（北美）研发中心”揭牌，预示着国际一流设计资源加入捷途产品序列的设计。

“捷途（北美）研发中心”是奇瑞集团与全球著名学府多伦多大学实现战略合作的重要举措，它的成立标志着捷途产品序列将从汽车设计层面出发，全面引入国际化先进、优秀的设计理念，带动自身产品造型、设计水平和精细化水平的提升；

同时，也将有助于推动奇瑞集团品牌形象的提升。

（4）在德国建立欧洲研发中心。

2018 年 10 月，奇瑞位于德国法兰克福附近劳恩海姆市的欧洲研发中心完成筹建，正式开展招聘工作。

奇瑞欧洲研发中心主要聚焦三大核心业务：一是设计，为奇瑞的欧洲和国际项目提供支持；二是研发，为奇瑞欧洲市场开发和欧洲伙伴合作提供支持；三是市场，为未来奇瑞相关品牌和产品进入欧洲市场进行准备。研发中心设在德国，有利于奇瑞与欧洲汽车专家、当地知名供应商开展广泛合作，为奇瑞未来几年布局全球网络发挥关键作用。同时，奇瑞欧洲研发中心还能促进技术与当地政策、市场环境的有效融合，满足车辆适应性开发的需求，使产品 100% 符合欧洲标准、为当地消费者“量身打造”。

4. 东风汽车的本地化策略应用

中国汽车品牌东风汽车通过在秘鲁开设 4S 店，运用本地化销售策略，有效地扩大了产品销售范围和售后服务质量，提升了品牌在秘鲁的知名度和美誉度。

2018 年 11 月 13 日，在秘鲁北部经济重镇特鲁希略，又一家东风汽车 4S 店落成，这是在秘鲁首都利马开设 4S 店后新开的第二家 4S 店。这一举措将使东风汽车辐射到整个秘鲁北部地区。同时，随着东风汽车销量的增长，售后服务的跟进，成为秘鲁东风汽车销售的亮点之一。

目前，东风品牌在秘鲁共有 13 个经销网点，拥有售后服务网点 11 家，基本上中大型城市都能找到东风品牌车辆的销售及售后网点。

5. 吉利的本地化策略应用

中国汽车品牌吉利通过在印度尼西亚、白罗斯、乌拉圭设立生产工厂，在瑞典设立欧洲研发中心，运用本地化生产和本地化研发策略，有效地提升了品牌在相关目标市场国家的知名度、美誉度和综合竞争力。

（1）在印度尼西亚设立生产工厂。

2007 年 5 月 16 日，吉利和 PTIGC 公司在印度尼西亚首都雅加达举行了吉利汽车散件装配项目启动仪式。

吉利在印度尼西亚的工厂位于雅加达附近，生产方式是散件组装，年设计产能为 3 万辆，目前主要装配和生产吉利自由舰车型。

项目合作方 IGC 有限公司执行主席透露，该工厂生产的汽车 2007 年 7 月起将正式投放印度尼西亚市场，计划 2007 年年底前组装并销售 2000 辆。

IGC 有限公司主要在马来西亚和印度尼西亚等国从事汽车销售、汽车零部件生产和组装业务，其子公司印度尼西亚 PTIGC 公司将全权负责组装厂生产汽车在当地的销售。

（2）在瑞典设立欧洲研发中心。

2013 年 2 月 20 日，吉利宣布，在瑞典哥德堡设立欧洲研发中心。该研发中心将整合旗下沃尔沃汽车和吉利汽车的优势资源，全力打造新一代中级车模块化架构及相关部件，以满足沃尔沃汽车和吉利汽车未来的市场需求。

该研发中心设立在瑞典哥德堡市的 Lindholmen 科技园，这里拥有汽车研发和工程制造所需要的完备设施和广泛资源。研发中心 CEO Mats Fgerhag 表示，同一集团下不同品牌间联合开发已成为国际惯例，这种做法将成为西方豪华车品牌与中国新兴汽车公司通力合作的典范。

吉利董事长表示，这个由两者联合成立的研发中心，既隶属于控股集团，又是相对独立的，这能够使吉利和沃尔沃充分实现知识与技术共享，且不会影响各自品牌的声誉和产品开发。

（3）*在乌拉圭设立组装工厂。*

2013 年 8 月 15 日，吉利汽车乌拉圭组装工厂首台 CKD 组装车在位于乌拉圭首都蒙得维的亚的 NORDEX 工厂正式下线。下线车型为帝豪 EC7。

自 2011 年 3 月 25 日吉利与乌拉圭 NORDEX 草拟 CKD 组装协议至 2013 年 8 月 15 日的首台 EC7 正式下线，双方团队共经历了 870 天辛苦工作的日日夜夜。NORDEX 工厂是一家实力强大的专业汽车组装工厂，拥有逾 50 年丰富的汽车组装经验，历史上曾组装过雷诺、雪铁龙和标致等乘用车型。

目前该工厂计划生产吉利 EC7、EC7-RV、GC2 和 GX2 四款车型，最大年产能可达到双班 2 万辆。此外，该工厂虽位于乌拉圭境内，但主要目的是通过南美洲南方共同市场之间的协议辐射巴西和阿根廷这两大市场，所以从该工厂组装出来的车型将主要销往巴西和阿根廷。

（4）*在白罗斯设立生产工厂。*

2017 年 11 月 17 日，吉利（白俄罗斯）汽车有限公司在白罗斯鲍里索夫的全新工厂落成，由吉利与白罗斯的矿山机械企业 BELAZ 公司、白罗斯国家零部件集团合资公司 SOYUZ 公司共同投资组建。

未来，新工厂将导入 NL-4（远景 SUV）和 FE-3JC（新一代帝豪）等吉利精品车型，为白罗斯及俄罗斯、乌克兰等市场提供更多高质量、高附加值的汽车产品。

6. 北汽的本地化策略应用

中国汽车品牌北京汽车（以下简称北汽）通过在西班牙等地设立研发中心、在南非设立生产工厂，运用本地化研发、本地化生产等本地化策略，进一步了解了当地市场的法律法规、消费喜好及质量管理体系，进而高效生产出了更加贴合当地市场需求的产品，有效提升了品牌的知名度和美誉度。同时，还可利用生产工厂优越的地理位置，辐射周边国家市场。

（1）布局5大海外研发中心。

2016年2月22日，继在美国硅谷、德国亚琛、美国底特律成立研发中心之后，北汽新能源在西班牙巴塞罗那正式成立了第四家海外研发中心，将主要承担北汽新能源高性能运动车型的设计和研发。

与此同时，北汽新能源还与西班牙Campos Racing公司正式建立合作伙伴关系。未来，双方将在电动赛车、跑车及全球电动赛车赛事领域开展技术人才交流、整车研发与测试、拓展海外市场等方面深入合作。西班牙Campos Racing公司由前FI车手Adrián Campos创办，在赛车运动和高性能车研发领域享有盛誉。

北汽新能源巴塞罗那研发中心，将与中国北京、美国硅谷、德国亚琛、美国底特律等研发中心密切配合，助力北汽新能源成为世界著名科技创新中心和新能源汽车企业。按照规划，北汽新能源还将在日本东京组建研发中心，提升外观和内饰设计研发水平，形成5大海外研发中心组成的全球布局。

（2）南非工厂 SKD 生产线全线贯通。

2019 年 6 月 28 日，在北汽南非工厂总装车间内，随着一辆 X25 下线并点火成功，标志着 SKD 生产线实现全线贯通。

2015 年 12 月 2 日，中非合作论坛约翰内斯堡峰会前夕，北汽与南非工业发展公司（IDC）签订了总投资额 8 亿美元、规划年产能10 万辆的北汽南非工厂项目合资合作谅解备忘录。这是北汽投资建设的第一座海外整车制造工厂，也是南非 40 年来投资额最大的汽车制造工厂之一。

2017 年 3 月 25 日，北汽董事长再赴南非，与 IDC 签署南非汽车工业园项目合作备忘录。项目一期要建成焊装、涂装、总装三大工艺车间，二期新增冲压车间，将生产北汽旗下乘用车、越野车、轻型运载车及其他适合市场的汽车产品，同时生产左舵和右舵汽车产品。

北汽南非工厂 SKD 生产线的全线贯通，是里程碑，更是新起点。自此，项目的工作重心将由建设为主转为建设、生产两手抓，既要保障后续涂装建设项目的顺利推进，也要加快推进 SKD 生产节奏，早日达到设计负荷满产。

7. 上汽的本地化策略应用

中国汽车品牌上海汽车（以下简称上汽）通过在泰国和埃及设立生产工厂和销售网络，运用本地化生产和本地化销售等本地化策略，有效地提升了品牌的知名度和美誉度。同时，还可利用生产工厂优越的地理位置，辐射周边国家市场。

（1）投资 18 亿元在泰国建设生产基地和销售网络。

2012 年 12 月 5 日，上汽发布公告，拟与泰国正大集团开展战略合作，在泰国合资成立一家整车制造公司和一家整车销售公司，整车厂产能5万辆，生产和销售MG品牌产品。

公告显示，上汽两家子公司——上汽香港投资公司（以下简称上汽香港）和MG汽车英国公司，与正大集团子公司正大汽车控股公司（以下简称正大汽车）三方合资，组建上汽正大有限公司（以下简称上汽正大），注册资本为24.94亿泰铢（约合4.988亿元），其中上汽方面共计持有51%股份。

上汽正大、上汽香港和正大汽车三方合资组建MG销售（泰国）公司，注册资本2.03亿泰铢（约合4060万元），其中上汽正大持有90%股权，上汽香港持有5.1%股份，其余股份由正大汽车持有。

上汽泰国项目初期投资额为18亿元，2014年开始陆续投放产品，下一步将充分利用东盟内部税收优惠政策，引进更多满足需求的产品出口至东盟和其他国家，力争实现年产能20万辆。

（2）在埃及设立销售公司和制造公司。

2019年6月17日，上汽与埃及最大的汽车销售企业"曼苏尔集团"合资销售公司揭牌仪式在埃及首都开罗举行，标志着上汽正式进军非洲市场。

仪式上，双方还签署了合资制造公司战略合作框架协议。根据该协议，上汽与曼苏尔集团计划成立合资制造公司，面向埃及乃至中北非市场生产和销售上汽自主品牌MG名爵系列产品，协同各自优势资源，抢抓新兴市场发展机遇。

曼苏尔集团董事长穆罕默德·曼苏尔发表致辞，称与上汽集团的这一成功合作将为埃及消费者提供更多选择，希望MG名爵产品成为埃及汽车市场的主流品牌。

作为非洲主流汽车消费市场之一，埃及拥有近1亿人口，汽车千人保有量仅为 24 辆，未来发展潜力巨大，将是上汽重点打造的下一个海外核心区域市场。

8. 长安汽车的本地化策略应用

中国汽车品牌长安汽车通过在英国和美国设立研发中心，充分利用当地的研发人才优势和产业资源优势，运用本地化研发策略，为进一步提升品牌在发达国家市场的综合竞争力打下了良好基础。

（1）在英国设立研发中心。

2010 年 6 月 28 日，位于英国诺丁汉科技园区的长安汽车英国研发中心正式挂牌成立。作为长安汽车的全球第八个研发中心，它将网罗欧洲 200 多名汽车领域专家，助长安汽车自主品牌发展。

长安汽车董事长表示，英国研发中心成立后，长安汽车将充分利用英国在发动机和变速器方面的开发优势，快速提升公司动力总成设计开发能力。

未来几年，英国研发中心将朝着长安全球动力总成研发核心基地的方向发展，将成为长安汽车充分利用全球资源，向世界一流汽车企业迈进的重要支撑。

（2）在美国设立研发中心。

2011 年 1 月 18 日，长安汽车在美国“汽车城”底特律正式挂牌成立长安汽车美国研发中心。

长安汽车选择在底特律设立研发中心，是因为底特律是美国汽车工业最发达的城市，美国三大汽车企业的总部都坐落在此，同时其他世界知名的汽车企业和供应商也都在此设立了研发中心或技术中心。该研发中心将主攻 C 级车汽车底盘技术，主要应用于长安自主研发的中高级车型。

长安汽车美国研发中心占地2500平方米，计划两年内在本地招收200名员工，包括工程师和管理人员。

三、纺织服装行业的本地化策略应用分析

1. 波司登的本地化策略应用

中国服装品牌波司登通过在英国首都伦敦开设旗舰店和设立欧洲总部，运用本地化销售和本地化经营策略，成功地在英国及欧洲乃至全世界展示了公司的高端品牌形象，扩大了品牌知名度。

2012年7月26日，在人潮如涌的英国首都伦敦西区的南莫尔顿街，波司登伦敦旗舰店盛大开业运营。精致典雅的服装和中西合璧的装潢吸引了路过此地的世界各地游客的眼球，英国各大媒体也竞相报道，波司登开始在英国及欧洲乃至世界各国引起强烈反响。

2011年6月，波司登斥资2005万英镑购入一幢位于南莫尔顿街28号的物业，筹备开设包括男装和羽绒服在内的四季化产品旗舰店，并设立欧洲总部。经过一年的改造装修，该物业被改建成一座七层大楼,独特新颖的“巨轮”式造型乘风破浪，在周围众多的品牌店中十分抢眼，已成为伦敦的地标性建筑。这表明，波司登不仅看好英国市场，更看好广阔的欧洲市场。

波司登伦敦旗舰店与欧洲总部所处的南莫尔顿街，是伦敦西区的黄金地段。它正对著名的牛津商业街，处于三条街的交叉口，并临近年客流2400万人的地铁站，位置独特，区位优势明显，特别适合进行市场拓展及品牌形象推广。

波司登采用“中国品牌、本土设计、全球采购、当地化营销”的新模式，通过在英国当地组建专业、可靠、敬业、高效的团队，实现了从设计、生产、市场推广、销售各环节都围绕欧洲市场、紧扣本地客户的需求和口味。

2. 海澜之家的本地化策略应用

中国服装品牌海澜之家通过在马来西亚、新加坡、泰国、日本等目标市场国家开设专卖店，运用本地化销售策略，受到所在国家消费者的大力追捧，一步一个脚印地实践着其“扎根东南亚，辐射亚太，着眼全球”的海外拓展计划。

（1）马来西亚开店。

2017 年 7 月 15 日，海澜之家马来西亚首店在吉隆坡盛大开业，以 HLA 品牌入驻马来西亚，开启了进军全球的征程。店面以 HLA 为名称，从选用的海报模特到店面装潢，都选择了年轻化、时尚化的差异路线。自开业以来，取得了非常不错的销售业绩。海澜之家总裁表示，HLA 之所以选择马来西亚开设首店，是因为这里文化的多元化正好适合 HLA 这个外来的品牌。海澜之家每年有超过 3000 多种货品，可以满足马来西亚顾客的多样化需求。

（2）新加坡开店。

2018 年 5 月 18 日，海澜之家新加坡首店隆重开业。与此前开在马来西亚的店铺类似，海澜之家的新加坡首店也选址在当地的主流购物中心，以 HLA 为店名，装修风格简洁新潮。新加坡是“海上丝绸之路”的枢纽，消费市场成熟、时尚敏感度高，代表着东南亚高端市场。落户新加坡，是海澜之家海外拓展计划的又一重要步骤。

（3）泰国开店。

2019 年 4 月 25 日，海澜之家泰国首店在曼谷中央世界商场隆重开业。国民品牌海澜之家、中高端女装品牌 OVV、快时尚男女装品牌黑鲸（HLAJEANS）以炫目的方式出现在泰国消费者眼前，具有中国传统文化色彩的“海澜之家－大闹天宫”联名款主题 T 恤受到当地消费者喜爱。根据泰国的消费环境和时尚需求特点，海澜之家对品牌形象做了风格调整，门店黑灰线条搭配白色主色调，更具国际质感。另外还开发了更符合泰国潮流的服装款式，加大了 T 恤和轻薄夹克等热带国家消费者青睐的产品开发力度，市场营销策略也更为灵活。此外，泰国东西方融合程度更高，消费群体需求与偏好多样，所以，海澜之家积极引入中高端女装品牌 OVV、年轻时尚男女装品牌黑鲸（HLAJEANS），满足泰国市场细分要求。因此，泰国也就成为除中国以外，唯一集合海澜之家旗下三大品牌的国家。

（4）日本开店。

2019 年 6 月初，海澜之家日本首店在东京的永旺梦乐城开业，这是海澜之家首次进军日本市场。日本首店装修设计简洁，以灰、白和原木色为主，目标客户群依旧是 20~45 岁男性，服装类型覆盖商业、时尚、休闲类，定位大众。商品定价与中国内地相仿。业内人士认为，目前宏观经济承压，理性消费越来越抬头，海澜之家的高性价比战略将会在日本赢得更广阔的市场。

3. 亚光家纺的本地化策略应用

中国纺织品品牌亚光家纺通过在澳大利亚成立公司、建立研发设计中心，在美国成立全球总部，充分运用本地化经营和本地化研发两种本地化策略，迅速提升了公司产品在澳大利亚和美国的市场占有率，从而提高了品牌的知名度和美誉度。

（1）在澳大利亚成立公司。

1998 年，亚光家纺在澳大利亚悉尼成立了亚光澳大利亚公司，并在当地招募人员，建立研发设计中心，负责澳大利亚和新西兰这两个市场的产品开发和销售。由于设计开发的产品能够很好地满足目标市场消费者的个性化需求，亚光家纺的毛巾产品迅速跃居澳大利亚巾类产品行业领先地位，市场份额占60%。由于在澳大利亚市场极高的占有率、出色的设计和过硬的质量，2015 年年初，澳大利亚网球公开赛的签约供应商喜来登开始与亚光家纺合作，共同开发澳网毛巾系列产品，并获得市场认可。

（2）在美国成立全球总部。

2004 年，亚光家纺直接把公司总部迁到了对纺织品设限严格的美国，仅把生产环节留在山东。之后的一年，亚光家纺又在纽约第五大道注册成立了 LOFTEX 公司，聘请美国人进行自有品牌的产品开发和销售，实现了从信息采集与反馈→产品开发与展示→订单洽谈与交流→售后服务与客户维护的全面服务，企业的品牌形象和知名度大大提高，订单数量和经济效益也得以保持长期稳定。

为实现美国市场五年内销售额突破 2 亿美元，将海外自主品牌做大做强的目标，从 2016 年年初开始，亚光家纺着手实施美国团队的重组和改造，研发、设计及市场营销人员从 18 人扩大到 40 人左右，产品展示区由 300 平方米扩大到 700 平方米，办公区由 400 平方米扩大到 800 平方米，办公和展示场所总面积达到 1500 平方米。

由 9990 条不同样式毛巾卷成的玫瑰花造型的“毛巾墙”，是纽约第五大道 LOFTEX 公司展厅一道独特的风景，吸引着众多访客的注目。那里有适用于干性皮肤的轻盈柔软的无捻纱毛巾，有适用于油性皮肤的摩擦力较大的螺旋工艺毛巾，也有适用于美容的含芦荟胶、甲壳素和陶瓷纤维的润肤毛巾……

4. 江南布衣的本地化策略应用

中国服装品牌江南布衣通过在澳大利亚墨尔本开设专卖店，运用本地化销售策略，在澳大利亚华裔消费者中赢得了极佳的口碑，也为赢得澳大利亚本土消费者打下了良好的基础。

2019 年 8 月，江南布衣旗下的女装品牌 JNBY 宣布，该品牌第一家澳大利亚专卖店在墨尔本购物中心二楼正式开业。

居住在澳大利亚的华裔共有 120 余万人，占澳大利亚总人口的 5.6%。其中，超过 35 万人居住在墨尔本。墨尔本被称为澳大利亚的时尚之都，拥有澳大利亚规模最大也最有影响力的时尚展示活动——“墨尔本时装节”。

江南布衣澳大利亚市场发言人表示，JNBY 在澳大利亚华裔消费者中有极佳的口碑和良好的消费者基础，品牌受众群体极大，这些品牌的拥护者也会推动品牌在澳大利亚当地的业务扩张。同时，他们也相信，JNBY 独特的设计理念与极佳的质感将使品牌获得澳大利亚本土消费者的青睐。

5. 华孚的本地化策略应用

中国纺织品品牌华孚通过在越南设立子公司、生产基地、研发中心，综合运用本地化经营、本地化生产、本地化研发等本地化策略，充分利用越南的区位、成本及政策优势，有效地降低了生产成本，提升了属地服务能力和品牌的全球竞争力。

2018 年 12 月 16 日，华孚决定通过子公司越南华孚投资华孚越南新型纱线项目。该项目系公司规划中的 100 万锭新型纱线项目第一期，产能为 50 万锭，投资额为 25 亿元。

华孚越南子公司设立于 2013 年，主营业务为各类纱线及其附属产品的生产加工，现已形成 28 万锭纺纱产能，2 万吨染色产能，并且建有 0.2 平方千米的研发中心和 11 万平方米的配套生产生活设施。

由于越南特有的区位、成本及政策优势，越南成为全球纺织服装产业转移的重要集聚地之一，华孚越南新型纱线项目的投产可以有效地提升其属地服务能力和品牌的全球竞争力。

6. 岱银的本地化策略应用

中国纺织品品牌岱银通过在马来西亚建立生产基地，运用本地化生产策略，充分利用马来西亚的原料成本、能源成本和贸易政策等优势，使品牌的综合竞争优势更加突出，产生了良好的经济效益和社会效益。

2015 年 5 月 28 日，由岱银投资新建的岱银纺织（马来西亚）公司 20 万锭项目一期工程在马来西亚柔佛州 Sedenak 工业区正式投产。该项目占地面积 330 亩（1 亩≈ 666 平方米），共分两期建设，一、二期各为 10 万锭规模，总投资超过 2 亿美元，全部建成后预计年产棉纱 6 万吨，年产值约 3 亿美元。

马来西亚项目将充分利用岱银成熟的纺纱生产及管理经验，并积极发挥马来西亚的原料成本、能源成本和贸易政策等优势，使产品品质及综合竞争优势更加突出，产生良好的经济效益和社会效益。

7. 华纺股份的本地化策略应用

中国纺织品品牌华纺股份通过在越南投资建设生产基地和研发中心，充分利用越南的区位、成本、政策及国际关系优势，有效地提升了品牌的综合竞争力。

2015 年 10 月，华纺股份发布公告称，将募集总额不超过 9 亿元的资金用于公司在越南的投资建厂。其中，7 亿元用于越南年产 5000 万米高档服装面料（染整）项目，1.5 亿元用于纺织产业链智能化研发中心项目，0.5 亿元用于补充流动资金。

华纺股份表示，此举是为了应对由美国主导的跨太平洋战略经济伙伴关系协定（TPP）的规则对我国纺织业的国际贸易所带来的影响，增强公司的核心竞争力和持续盈利能力。按照 TPP 的规定，产于越南并输往美国的服装，其关税将降为零。

四、消费电子行业的本地化策略应用分析

1. 海尔的本地化策略应用

中国消费电子品牌海尔通过在印度成立分公司，建设销售渠道、物流中心、技术服务中心、呼叫中心、体验中心、生产工厂、研发中心、工业园等，全面运用本地化经营、本地化销售、本地化生产、本地化研发等本地化策略，并取得了良好的品牌推广效果，大大提升了品牌在印度的知名度和美誉度。

2004 年 1 月，印度海尔成立。2007 年，海尔收购了位于浦那市附近的一家工厂，开始在印度生产冰箱、电视和洗衣机。

得益于接近印度消费者的便利，海尔在印度的产品设计也基于印度消费者的需求展开。印度用户的特点是吃蔬菜比较多，

对食品保鲜的要求非常高，这导致在冰箱的使用上，印度消费者对冷藏空间要求更大，并且冷藏存取的时间、取放的次数也明显高于其他国家。针对这一用户需求，海尔开发出了“不弯腰”的冰箱，把冷藏室放上面，同时将冷藏室的空间扩大至整体的 70%。这款产品一经问世，销量很快就突破 10 万台，成为印度市场的“爆款”。

与此同时，海尔带给印度市场的还有安全感，如在售后方面，其他品牌都是整机一年维修，但是海尔产品依托本地化的技术服务中心，实施的是“1+3”模式，也就是 1 年整机维修加 3 年压缩机维修。这种做法提供的安全感是其他品牌无法超越的。

2016 年，海尔浦那工厂动工扩建为海尔浦那工业园。2017 年 11 月，海尔浦那工业园正式投产，为当地新增 2000 个就业岗位，同时实现了产能的翻番，其中包括冰箱、洗衣机、空调等品类的产品。该工业园将成为海尔立足印度、辐射整个南亚地区的研发制造中心，届时海尔的产品将销往非洲、南美洲及南非等多个国家。

2019 年 3 月，海尔在印度的第二个工业园——诺伊达工业园也破土动工。该工业园建成投产后，能够直接创造 6000 个就业岗位，间接带动 50000 个其他就业，创造出巨大的社会效益。

至此，印度海尔以德里为总部，在孟买、班加罗尔等地已拥有超过 6500 家销售渠道、29 个物流中心、10 家技术服务中心。为了保障各地用户的服务和体验，海尔还在印度建立了一个“7 × 24”的呼叫中心和 165 个体验中心。这一系列本地化策略的实施，大大提升了海尔品牌在印度的美誉度，当地民众都觉得海尔是可以信赖的，是可以与之共同发展的。

2. 长虹的本地化策略应用

中国消费电子品牌长虹通过在巴基斯坦设立合资公司，建设生产工厂、研发中心等措施，运用本地化经营、本地化生产、本地化研发等本地化策略，大大提升了长虹品牌在海外的知名度和美誉度。

2011 年 7 月，长虹与巴基斯坦最大的家电分销商 RUBA 集团达成战略合作的框架协议，成立长虹 RUBA 公司，开启了合资建厂之路。

依托总部在电视行业的雄厚实力，长虹首先导入了平板电视的生产，本地化制造能力在行业首屈一指。长虹率先在巴基斯坦市场推出的 MUSIC TV 系列、Android 智能大尺寸电视、激光电视、OLED 电视等产品，成功打入家乐福、麦德龙等国际知名连锁渠道，引领了整个市场，并且销量多年居于前列。

2014 年，长虹投资 672.4 万美元的冰箱生产线开始建设。2015 年 8 月进入试生产，2016 年 1 月正式投产。投产后，冰箱工厂的产能达到单班日产 500 套，处于当地行业领先水平。

长虹 RUBA 公司结合当地市场特点，以技术创新和产品创新精心打造企业核心竞争力。在冰箱产品线方面，针对当地气候炎热，频繁断电的情况，研发出符合当地市场需求的龙卷风系列产品，得到了当地消费者的一致好评。在冰箱产品线方面，针对当地气温高、空气湿度大等特点，引进了大内机大外机、金色铝箔防腐蚀空调产品，引领了市场潮流，在众多消费者和商家中获得了很好的口碑,极大提升了长虹品牌的美誉度。

至今，长虹已经在巴基斯坦建立了冰箱、电视、空调工厂，以及饮水机、微波炉、音响、洗衣机、热水器等生产线，拥有了全品类家用电器生产能力。

3. 美的的本地化策略应用

中国消费电子品牌美的通过在印度设立研发中心、合资公司、生产工厂、科技园区，充分运用本地化研发、本地化经营、本地化生产等本地化策略，大大提升了美的品牌在印度市场的知名度和美誉度。

2012 年 2 月，美的与美国开利公司①组建合资公司，正式开启了在印度的本土运营。美的结合印度市场的电力与高温特点，对引进的空调产品进行本地化的二次开发，深受当地消费者欢迎。

2015 年，美的将目光锁定在印度的净水器市场。为了打造适合印度水质的产品，美的在印度投资建设了实验室，进行了 2 个月的全国水质调查。2016 年 10 月，净水器产品在印度正式上市。目前，美的净水器已经在印度开拓了 1000 多个经销网点，年销售数量达到 3 万台以上。

2018 年 11 月 3 日，投资 135 亿印度卢比（约合 12.7 亿元）的美的科技园，在印度马哈拉施特拉邦浦那市苏巴帕勒举行奠基仪式。科技园占地约 27 万平方米，可为当地提供约 2000 个就业机会。园区由三大生产制造工厂组成，美的计划在未来 5 年内将其打造成为家用电器、暖通空调和空调压缩机等产品的生产基地。

---

① 美国开利公司是全球著名的暖通空调和冷冻设备供应商，也是提供能源管理和可持续楼宇服务的全球领先者。公司总部位于美国康涅狄格州法明顿市，生产销售覆盖包括中国在内的 180 多个国家。

4. 小米的本地化策略应用

中国消费电子品牌小米通过在印度尼西亚和印度设立生产工厂、在印度和墨西哥开设专卖店，运用本地化生产和本地化销售策略，迅速提升了市场份额，增强了品牌影响力。

（1）在印度尼西亚设立生产工厂。

2017 年 2 月 10 日，小米开始在印度尼西亚本土生产手机。从 2017 年起，小米在印度尼西亚销售的手机产品将实现 100% 本地化。

小米的生产工厂设在印度尼西亚巴淡岛。跟小米公司合作的，是 3 家印度尼西亚当地企业——印度尼西亚最大的移动通信器材生产和经销企业 Erajaya、印度尼西亚智能手机工厂 SAT Nusapersada 与 TSM Technologies。

小米当时在印度尼西亚生产的最新机型是红米 4A。这款手机使用高通骁龙 425 处理器、双卡双待并支持 4G，可以支持 7 天的待机。从 2017 年 2 月底开始，以 149.9 万印尼盾（约合人民币 775 元）的价格在 Erafone 商店和 PT Teletama Artha Mandiri（TAM）的手机商店销售。

（2）在印度农村地区开设专卖店。

截至 2019 年年底，小米在印度农村地区开设了 5000 多家专卖店，成为印度最大的农村地区零售连锁公司之一。

小米门店的平均面积为 300 平方英尺（约合 27 平方米），在印度农村创造了大约 1.5 万个就业机会。作为促进农村地区创业的努力的一部分，小米正在鼓励来自小城镇和乡村的“米粉”及其他当地个人经营这些门店。新的小米门店大多分布在 3 级、4 级、5 级及以下城市。通过此方式，小米迅速扩大了在印度农村的线下影响力。

小米副总裁、印度区总裁马努·贾恩（Manu Jain）表示，小米已经连续 5 个季度蝉联印度第一智能手机品牌[①]。小米的线下市场份额在最近一年内增长了约 40 倍。

（3）在印度建成第 7 座生产工厂。

2019 年 3 月 19 日，小米正式宣布，与伟创力（Flextronics）合作，在印度泰米尔纳德邦建立一座新手机制造工厂。至此，小米在印度的生产工厂数量达到了 7 个，每秒可以生产 3 台小米手机。

伟创力于 1969 年在美国硅谷创立，目前已成为全球著名的手机、电脑、通信等电子设备制造服务供应商，旗下工厂分布在全球 5 个洲 30 个国家。

小米在印度建立的这些工厂可以为印度提供超过 20000 个工作岗位，为了促进印度当地的女性就业，有超过 95% 的员工都是女性。

（4）在墨西哥开设专卖店。

2018 年 12 月 9 日，墨西哥首间小米之家开业，当天超过 2000 人排队。

墨西哥的小米之家是小米在北美市场的第一家门店，也是小米开拓美洲市场的第一步。2019 年，小米在墨西哥各地开设了 20 多家小米之家。

① 数据出自《出海记 | 小米拟明年底前印度门店增至 5000 家 进军农村市场》，来源：参考消息网，发布时间：2018-11-22 00:22:02。

5. 华为的本地化策略应用

中国消费电子品牌华为通过在英国、印度、俄罗斯等国家设立地区总部、销售网点、生产基地和研发中心，充分运用本地化经营、本地化生产、本地化销售、本地化研发等本地化策略，实现了增强品牌竞争力、提高品牌知名度和美誉度的目的。

（1）在英国建立欧洲地区总部。

2004 年 3 月，华为在英国东南部的贝辛斯托克（Basingstoke）市设立了欧洲地区总部，迈出了向海外进军的重要一步。

华为在伦敦的多尔切斯特大酒店举办了一场出乎很多人意料的午宴。参加这次午宴的不仅包括英国最大的电信运营商英国电信（BT）的首席技术长马特·布罗斯 (Matt Bross)、技术长布莱恩·利维 (Brian Levy) 及该公司的 30 多名员工，还有来自英国其他主要运营商的代表。

在午宴上，华为宣布将把其在英国的雇员数量由现在的 80 人增加到 200 人。同时表示，同英国企业建立的合作伙伴关系将极大的帮助该公司在海外的发展，其中 BT 的子公司 Network Build 将帮助华为建设网络，Anixter 将保障华为的后勤，STS 通信可以在光线网络方面对华为有所帮助，而 Accenture 将协助华为对用户进行培训。

（2）在印度建立生产基地和销售网点。

2018 年 10 月 23 日，华为宣布，从 2019 年起将在印度生产手机，并计划开设 1000 家品牌销售门店，以巩固既有市场占有率。

目前，华为是通过旗下品牌“荣耀”的线上渠道，进军印度市场。但是，华为计划“扩大筹码”，在印度当地来生产手机，尤其是考虑到印度对进口设备近 20% 的征税。华为手机的生产将依托合作伙伴 Flex 进行，该公司在印度第四大城市金奈设有手机生产工厂。

除了本地化生产之外，华为在印度也将从事行销和零售。华为表示，未来两到三年内，将在印度投资大约 1 亿美元，开设大约1000家销售门市，争取在2021年成为印度市场第一品牌。

（3）在俄罗斯设立科研中心。

2018 年 11 月 16 日，俄罗斯鞑靼斯坦共和国总统新闻局发布公告称，华为将在当地设立科研中心，研发信息通信技术。华为表示，科研中心的设立将成为双方合作迈出的“重要一步”，华为将不仅仅致力于在俄罗斯鞑靼斯坦共和国的经济领域深入推广信息技术，还会与当地专家学者携手工作。

此前，华为已经在俄罗斯的莫斯科和圣彼得堡设立了自己的科研中心。

6.OPPO 的本地化策略应用

中国消费电子品牌 OPPO 通过在印度建立研发中心，运用本地化研发策略，在实现软件本土化、提升设备质量等方面获得了成功，大大提升了品牌的美誉度。

2018 年 12 月 15 日，OPPO 广东移动通信有限公司宣布，OPPO 印度海得拉巴研发中心正式成立。该研发中心将聚焦产品本地化，专注软件、影像、通信网络等领域，打磨用户痛点，提升用户体验。

OPPO 将着眼于在海得拉巴研发中心推动多项创新，并将把重点放在为印度消费者开发和实现软件本土化及提升设备质量上。

除智能手机外，OPPO 还将生产智能手表和物联网产品。这些产品可能在印度设计、制造并销售，甚至可能从印度出口到海外。

凭借 OPPO 深厚的研发积累及印度本地高科技人才的储备，海得拉巴研发中心的成立，不仅将加速前沿技术在印度市场的应用，也将完善 OPPO 的全球研发体系。未来，OPPO 将通过持续的科技创新为全球消费者带来极致体验。

印度是 OPPO 最大的海外市场之一，未来，印度海德拉巴研发中心将实现所有人员的本地化。

五、日化行业的本地化策略应用分析

1. 上海家化的本地化策略应用

中国日化品牌佰草集（上海家化旗下品牌）通过在法国巴黎开设旗舰店，运用本地化销售策略，在法国乃至欧洲化妆品市场上有效地提升了品牌的知名度和美誉度。

2015 年 4 月 17 日，上海家化旗下品牌佰草集 (Herborist) 首家海外旗舰店在法国巴黎的歌剧院大道 38 号盛大揭幕。至此，佰草集成为中国率先在国际核心商圈开设独立品牌门店的化妆品品牌。

佰草集表示，到欧洲开店除了拓展国际市场外，也会推动企业研发标准的提高。

上海家化认为，其第一大竞争优势就是“中国文化体系的差异化”。按照上海家化的设想，这家旗舰店除了品牌推广的作用之外，还将成为中国文化在欧洲的传播阵地。

2. 隆力奇的本地化策略应用

中国日化品牌隆力奇通过在美国设立分公司、在尼日利亚设立生产工厂，运用本地化经营和本地化生产策略，为提高品牌在目标市场国家的知名度和美誉度打下了良好基础。

（1）在美国设立分公司。

2016 年 6 月 4 日，隆力奇美国分公司开业典礼在洛杉矶盛大举行。董事长代表隆力奇集团对全场嘉宾的莅临及对隆力奇事业的支持表示感谢，并深入浅出地向在场嘉宾展现了隆力奇集团 30 年来积累的 10 大资源优势，分析了隆力奇在中国乃至国际市场竞争格局中的优势地位，充分证明了隆力奇打造全球事业平台的实力和魄力，赢得在场嘉宾阵阵掌声。

此前，隆力奇已经在韩国（2014 年）、菲律宾（2013 年）、尼日利亚（2012 年）等国家设立了分公司。

（2）在尼日利亚设立生产工厂。

2019 年 4 月 8 日，隆力奇尼日利亚工厂预落成典礼在尼日利亚莱基自贸区隆重举行。其董事长表示，建设尼日利亚工厂，是隆力奇实现实体企业践行“一带一路”倡议的重要一步。该项目建成后，将用于保健品、化妆品、洗涤用品等生产，并成为尼日利亚境内乃至整个非洲市场一流的智能化工厂，为隆力奇在尼日利亚、加纳、喀麦隆、南非、科特迪瓦等国家的分公司提供全面的大供应链、产品保障和进出口、通关等整体服务。同时，也可以为尼日利亚当地重要品牌提供 OEM 代加工服务，并辐射整个非洲市场。还可以为隆力奇在尼日利亚发展工业旅游提供重要支撑，并可促进提高尼日利亚工业化发展水平，促进当地就业。该工厂于2018年5月8日奠基，建设面积达4万平方米，一期投资2000万美元，建设内容包括生产区、办公区和生活区。

3. 植物医生的本地化策略应用

中国日化品牌植物医生通过在日本开设旗舰店，成立科学研究中心，运用本地化销售和本地化研发策略，有效地提升了品牌在日本市场的知名度和美誉度。

2019年4月28日，植物医生日本大阪心斋桥旗舰店开业，成为率先进驻日本市场的中国护肤品单品牌专卖店。

植物医生拥有超过25年的化妆品行业经验，并与中国科学院昆明植物研究所联合成立了植物医生研发中心。先进的研发资源，成熟的运营模式，让植物医生成为中国发展最为稳健并持续保持增长的品牌之一。

为了此次在日本上市，植物医生准备了近5年，前后投入了6000多万元，成立了日本·东京汉方护肤科学研究中心。

目前，植物医生3大系列22个日文版产品在植物医生大阪心斋桥旗舰店上市，这些产品均已经通过日本的相关产品测试。

在植物医生看来，日本是全球化妆品市场竞争最激烈的国家，海外拓展首选日本，既表示了对植物医生高山植物产品充分的信心，同时也希望通过激烈的国际化竞争不断提高品牌竞争力，助力植物医生品牌的国际化。

六、其他行业的本地化策略应用分析

1. 青岛啤酒的本地化策略应用

中国食品饮料品牌青岛啤酒通过在泰国成立合资公司和建立生产工厂，运用本地化经营和本地化生产策略，有效地提升了品牌的知名度、美誉度和综合竞争力，为青岛啤酒充分利用泰国的地缘优势顺利进入东盟及澳大利亚和新西兰市场打下了良好基础。

2005 年 7 月 4 日，青岛啤酒在泰国曼谷成立了青岛啤酒（泰国）营销有限公司，注册资本为 1500 万泰铢，青岛啤酒持股 30% ，泰国的 6 个自然人股东持股 70%。通过成立这一合资公司，青岛啤酒试图在泰国当地构建一个成熟的营销网络，更重要的是青岛啤酒可以与当地啤酒商开展积极合作，开展 OEM 业务。OEM 业务的开展，标志着青岛啤酒由传统的产品出口转向品牌、技术、标准的出口，也使得青岛啤酒能够为当地消费者提供最新鲜的啤酒。此外，OEM 也为青岛啤酒避开泰国高额的关税壁垒提供了一条很好的路径。与东南亚其他国家一样，为了更好地保护本国啤酒生产企业，泰国政府对进口啤酒征收高达 470% 的关税。更为重要的是，由于东盟自由贸易区已于 2005 年 7 月开始运行，所以，青岛啤酒将可借此顺利地进入东盟其他国家和地区。同时，东盟与澳大利亚和新西兰又正在进行自由贸易区的谈判，一旦条件成熟，青岛啤酒又可以此为基地，畅通无阻地进入澳大利亚和新西兰等市场。

2011 年 10 月 17 日，青岛啤酒（泰国）营销有限公司在曼谷签约成功，决定在泰国的龙仔厝府工业园设立首家国外工厂，该工厂预计年产啤酒 20 万千升，真正实现在泰国的地产地销模式。海外建厂的实现，意味着青岛啤酒品牌国际化发展到了新的战略高度。

2. 蒙牛的本地化策略应用

中国食品饮料品牌蒙牛通过在新西兰和印度尼西亚建立生产工厂，运用本地化生产策略，有效地提升了品牌的亲和力、知名度和美誉度。

（1）在新西兰设立生产工厂。

2015 年 11 月 6 日，蒙牛旗下品牌雅士利在新西兰投资 11 亿元的工厂盛大开业。该工厂率先实现了奶粉行业国内品牌在海外 100% 自主建厂，将大幅度提升雅士利的国际竞争力。雅士利国际集团有限公司创办于 1983 年，总部位于广州，是一家驰名海内外的大型乳品企业，在全球拥有 4 大生产基地——中国基地、新西兰基地、澳大利亚基地及丹麦基地。2013 年 6 月，蒙牛以 114 亿港元的价格收购了雅士利 75.3% 的股权，成为雅士利的控股股东。

（2）在印度尼西亚设立生产工厂。

2018 年 11 月 29 日，蒙牛坐落于印度尼西亚西爪哇省芝卡朗（Cikarang）的“蒙牛优益（Yoyi）C 工厂”正式运营。工厂占地 1.5 万平方米，总投资额 5000 万美元，设计日产能 260 吨、年产值 1.6 亿美元，目前已有约 100 名印度尼西亚籍员工在岗，未来 5 年，预计将为本地提供 1000 余个就业机会。蒙牛总裁卢敏放表示，印度尼西亚工厂的建成，必将提升蒙牛在整个东南亚市场的竞争力，有力推动集团国际化战略的快速实施。

3. 携程的本地化策略应用

中国旅游服务品牌携程通过在韩国、日本等目标市场国家设立分公司和客服中心，运用本地化经营和本地化服务策略，有效地提升了品牌的知名度和美誉度。

（1）在韩国设立客服中心。

2018 年 10 月 10 日，携程集团 CEO 孙洁在韩国首尔正式宣布，携程旗下的 Trip.com 在韩国设立客服中心，为当地客户提供 7×24 小时的韩语服务。客服中心坐落在首尔市中心的钟路塔，目前有 200 人的规模，以确保 80% 电话量可以在 20 秒内得到响应，达到全球统一的服务标准。为了保证专业知识和服务质量，所有客服人员都是韩国本土人员。Trip.com 是携程旗下的一站式旅行预订平台，面向海外市场提供 13 种语言服务。通过全球覆盖广泛的在线预订网络，用户可以通过 PC 和移动平台预订涵盖 200 个国家的酒店、机票、火车票等旅游产品。

（2）在日本设立呼叫中心。

2018 年 11 月 28 日，Trip.com 正式启用了位于日本东京都的呼叫中心，面向日本本地用户及前往日本的旅行者提供 7×24 小时的全球统一服务。这也是继英国爱丁堡和韩国首尔之后，携程在海外运营的第三个呼叫中心。为了让日本客人安心地享受旅行,该呼叫中心聘用了很多日语为母语的客服人员，为顾客提供舒适的旅行服务。

4. 阿里巴巴的本地化策略应用

中国信息技术品牌阿里巴巴通过在马来西亚设立办公室（相当于办事处或分公司）、在比利时建设物流枢纽，运用本地化经营和本地化服务策略，有效地提升了品牌的知名度、美誉度和综合竞争力。

（1）在马来西亚设立办公室。

2018年6月18日，阿里巴巴位于马来西亚首都吉隆坡的办公室正式启用，迎来了包括阿里云、菜鸟网络、Lazada等多个业务板块的阿里巴巴员工。他们的到来，将为当地小企业提供更多服务，帮助他们更好地利用阿里巴巴生态体系提供的机会。马来西亚办公室的开业，不仅是阿里巴巴服务马来西亚小企业的重要举措，也预示着其推进中国数字版“一带一路”进入东南亚地区的策略轨迹进入快车道。随着阿里巴巴在吉隆坡的办公室投入使用，马来西亚数字自由贸易区的建设步伐将大大加快，数十万马来西亚及东南亚小企业和年轻人将受惠于eWTP“中国方案”。

（2）在比利时建设物流枢纽。

2018年12月5日，阿里巴巴与比利时政府签署了一项启动电子商务贸易枢纽的协议。根据协议，阿里巴巴的物流分支——菜鸟网络将在比利时的列日机场租赁一个22万平方米的物流枢纽，并对该项目初步投资7500万欧元。该项目首期设施计划于2021年年初投入营运。阿里巴巴表示，期望列日智能物流枢纽能提升整体物流效率，帮助中小企业加强出口管理。这不仅是eWTP继进入亚洲马来西亚和非洲卢旺达之后的新一步，也是阿里巴巴“全球买、全球卖、全球付、全球运、全球玩”战略的又一重要进展。eWTP将建设电子关务平台，普及“秒级通关”，为包括比利时在内的欧洲中小企业“全球买、全球卖”提供高效的“全球运”基础设施。根据战略协议，菜鸟网络将在比利时布局eHub，帮助欧洲中小企业搭乘智能物流骨干网，迈向“全球72小时必达”的目标。

第二章　海外并购策略

一、海外并购策略概述

海外并购策略是指品牌商通过收购海外同类企业或上下游企业的全部或部分股权，控制或参与海外企业的生产或经营，从而快速实现企业海外扩张的策略。并购完成后，企业不仅可以利用国外品牌的营销渠道或生产设施发展自有品牌，还可以利用被并购品牌的价值，运营双品牌或多品牌，有效地提升企业的品牌知名度和资产收益率。

海外并购策略是自主品牌国际化策略中应用频率仅次于本地化策略的一种策略，在本书研究选取的225个案例中，海外并购策略的案例高达28个，占比12.44%。其中，25%应用于食品饮料行业，21%应用于汽车行业，21%应用于消费电子行业，14%应用于旅游服务行业，在纺织服装、日化、信息技术、文化传媒等行业的应用均不足10%。

海外并购策略在各行业中的应用频率具体如下图所示。

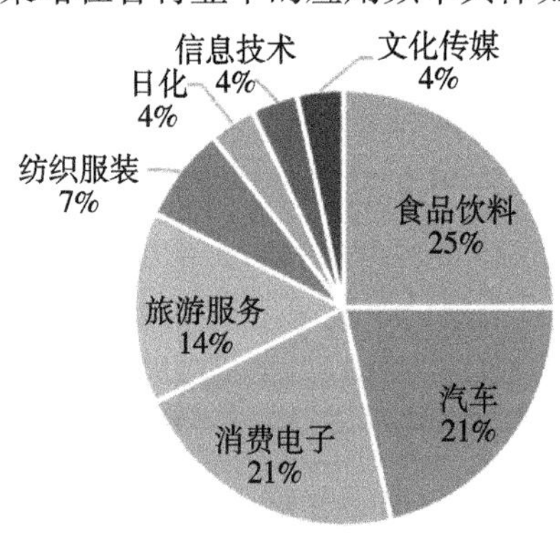

图　海外并购策略在各行业的应用频率

二、食品饮料行业的海外并购策略应用分析

1. 光明食品的海外并购策略应用

中国食品饮料品牌光明食品通过并购新西兰乳品原料供应商新莱特、澳大利亚食品公司玛纳森、法国葡萄酒经销商DIVA、英国食品公司维多麦、意大利橄榄油公司Salov和以色列食品公司Tnuva，充分运用海外并购策略，完善了产业链布局，扩大了品牌阵营，有效地提升了企业的品牌知名度。

（1）收购新西兰乳品原料供应商新莱特。

2010年11月，光明食品旗下品牌光明乳业斥资8200万新西兰元，收购了新西兰排名第三的乳品原料供应商新莱特51%的股权，开始了其进行国际化扩张的步伐。2011年，光明乳业在新西兰坎特伯雷建立了雪山牧场基地，并用该基地的乳品原料支持新莱特生产高端婴幼儿奶粉——培儿贝瑞。2013年7月23日，新莱特在新西兰主板上市，这是我国企业海外并购成功后，并购主体率先于海外交易所上市的企业。在并购成功至上市的32个月内，光明乳业的资产增值率高达100%。通过并购新莱特，光明乳业获得了来自新西兰的优质奶源，并且拥有了一个国际知名品牌，同时，借助新莱特的IPO，加强了同荷兰皇家菲仕兰坎皮纳乳品有限公司的合作。

（2）收购大利亚食品公司玛纳森。

2011年8月29日，光明食品以29.2亿元的价格收购了澳大利亚食品公司玛纳森75%的股权。玛纳森成立于1953年，是澳大利亚久负盛名的食品公司之一，其产品涉及奶酪、橙汁、坚果、果脯等。同时，玛纳森还是一个食品分销企业，代理了

全球多款知名食品品牌在澳大利亚的销售，在全球有超过 70 个知名供应商，遍布北美等 27 个国家。并购玛纳森，将给光明食品带来巨大的资源和网络。

（3）收购法国著名葡萄酒经销商 DIVA 公司。

2012 年 7 月，光明食品旗下上海糖酒集团完成对法国波尔多地区著名葡萄酒经销商 DIVA 公司 70% 股权的收购。该公司在法国同行中具有较高的知名度，与各大著名酒庄有着良好合作。双方牵手将有利于光明食品拓展经营产品链条，推动葡萄酒业的快速发展。通过控股 DIVA，光明食品将获得同全球几大知名酒庄的对话机会，获得高端红酒的销售渠道，为未来潜在的布局打下基础。

（4）收购英国食品公司维多麦。

2012 年 11 月 8 日，光明食品完成了对英国食品公司维多麦（Weetabix）的并购，以 6.8 亿英镑（约合 68 亿元）的价格购买了维多麦 60% 的股权，并承担维多麦部分债务。维多麦创建于 1932 年，是英国甚至全球知名的谷物食品公司，产品销往多达 80 余个国家，年销售额高达 5 亿英镑，在英国本土拥有高达 14.5% 的市场占有率。通过对该企业的并购，光明食品能够有效加强对自身产业链及国外市场的控制。同时，还可以学习维多麦的管理经验，培养国际化人才，提高自身在国际化竞争中的竞争力。并购中，光明食品采用了全杠杆融资[①]和“俱乐部融资”的方式，参与的银行有中资银行国开行、中

① 杠杆融资，全称杠杆收购融资，是指某一企业拟收购其他企业时，以被收购企业的资产和将来的收益能力做抵押，从银行筹集部分或全部资金用于收购行为的一种财务管理活动。

国银行、交通银行和外资银行苏格兰皇家银行、巴克莱、汇丰、澳新、荷兰合作银行等，不指定牵头行，各家银行无论大小都平等参与，融资成本控制在3%~3.2%。

（5）收购意大利橄榄油公司Salov。

2014年12月底，光明食品在意大利米兰成功收购意大利橄榄油公司Salov的90%股权，意味着光明食品将开始探索国际橄榄油市场。Salov是一家家族企业，其知名品牌Filippo Berio已有150余年历史，产品销售遍布全球70余个国家与地区，并且在美国、英国、意大利等国的市场处于优势地位，全球综合排名前十。

（6）收购以色列著名食品公司Tnuva。

2015年3月，光明食品以86亿以色列谢克尔（约合159.6亿元）的价格成功收购了以色列著名食品公司Tnuva 77.7%的股份。Tnuva是以色列一家以乳制品为主的食品公司，在以色列本土乳制品市场份额达到70%，并在中东与欧美有一定的市场份额。此次并购，光明食品可以实现在以色列、新西兰、中国三地的业务协作与互补，促进现有业务的进一步发展。此次并购由光明乳业发起，定增[①]90亿元，参与并购的资方包括中信并购基金、弘毅投资、益民集团、国盛投资、上汽投资、浦科源富达。

① 定增，全称定向增发，是指企业向有限数目的资深机构（或个人）投资者发行债券或股票等投资产品。有时也称“定向募集”或“私募”，其发行价格由参与增发的投资者竞价决定，发行程序与公开增发相比较为灵活。

2. 茅台的海外并购策略应用

中国食品饮料品牌茅台通过收购法国波尔多海马酒庄，运用海外并购策略，扩大了自己的产品线和品牌阵营，有效提升了企业品牌的海外知名度和美誉度。

2013 年 5 月 21 日，茅台收购法国波尔多海马酒庄签字仪式在中国香港举行。

海马酒庄位于法国著名的葡萄酒产区梅多克，是梅多克最古老的酒庄之一。因从属于世界著名烈酒集团 Diageo 超过 125 年，拥有极高的声誉。酒庄占地 132 公顷（1 公顷 =0.01 平方千米），年产葡萄酒 30 万瓶，拥有强大的生产能力和专业的技术团队，出品的葡萄酒屡获奖项，品牌经销网络也在不断扩大。

茅台成功收购海马酒庄，是其迈向国际化的重要一步，必将对其品牌的国际化产生重要影响。

三、汽车行业的海外并购策略应用分析

1. 吉利的海外并购策略应用

中国汽车品牌吉利通过收购瑞典沃尔沃、英国锰铜和马来西亚宝腾汽车，运用海外并购策略，获得了先进的核心技术和知识产权，成熟的生产基地和经销渠道，扩充了品牌阵营，为提升品牌的全球知名度和美誉度打下了良好基础。

（1）收购瑞典沃尔沃。

2010 年 3 月 28 日，吉利在瑞典哥德堡与美国福特公司正式签署收购沃尔沃汽车公司的协议。吉利以 18 亿美元的交易价格，获得沃尔沃轿车 100% 的股权、旗下所有研发人员（约

4000 人）、全部关键技术、所有知识产权、完整的高度自动化的生产线，以及覆盖全球的完善的销售和服务网络。

瑞典的沃尔沃汽车在汽车安全和节能环保方面，有许多独家研发的先进技术和专利。尽管近年来沃尔沃经营不善，但仍然是一家净资产超过 15 亿美元、具备持续发展能力的跨国汽车公司。1999 年，福特汽车公司以 64.5 亿美元的价格收购了沃尔沃。

吉利收购沃尔沃，最看重的不仅仅是沃尔沃的全部股权，更重要的是沃尔沃的核心技术、专利等知识产权和制造设施，以及沃尔沃在全球的经销渠道。收购完成后，沃尔沃将为吉利的自主创新提供原始技术支持，助其实现技术跨越，并为吉利“走出去”提供现成的通道，实现在发达国家汽车市场中零的突破。

（2）收购英国锰铜。

2013 年 2 月 1 日，吉利以“零现金 + 零债务”的模式，以 1104 万英镑的价格收购了英国锰铜的业务与核心资产。收购通过吉利的子公司吉利英国集团有限公司完成，收购资产包括厂房、设备、不动产、全部无形资产（包括知识产权、商标、商誉等），以及锰铜与吉利在中国设立的合资工厂中的 48% 的股份和库存车辆。这一模式下，吉利不提取英国锰铜账上任何现金，也不承担其任何债务。随后，吉利将其变更注册为伦敦电动汽车公司（LEVC）。

英国锰铜是一家有着 100 多年历史的汽车企业，吉利收购锰铜，看重的是其这一百年品牌的品牌价值。锰铜自 1948 年开始生产的黑色出租车被公认是伦敦街头一道标志性的风景，也因此成为 2012 年伦敦奥运会闭幕式上令人印象深刻的“主角”之一。

收购完成后，锰铜可以更好地发挥其与吉利品牌的协同效应，吉利也可借此拓展专业出租车领域，加速研发油耗更低，更耐用的出租车。锰铜生产的 TX4 出租车在英国依然有很大市场潜力，保有量也很大，售后维修领域也存在着很大的市场机会。

2020 年 1 月，LEVC 在日本东京推出了 6 人座插电式混合动力出租车 TX。该车继承了伦敦出租车的经典设计，宽大的车身，营造了非常宽敞的车内空间，最多可以容纳 5 名乘客，即使乘坐轮椅也可以方便进入。同时，在车内还提供了 WiFi 功能，以及手机、笔记本电脑的充电系统。

（3）收购马来西亚宝腾和英国路特斯。

2017 年 5 月 24 日，吉利以总计约 12 亿元的价格，收购了马来西亚最大的汽车整车制造企业宝腾 49.9% 的股权，以及宝腾旗下的英国路特斯（莲花）汽车集团 51% 的股权，成为宝腾汽车的独家外资战略合作伙伴。

收购宝腾之后，吉利便可凭借马来西亚的区域优势以极低的关税进驻东南亚这个巨大的市场，为打开东南亚市场大门准备了一把金钥匙。

与此同时，由于宝腾汽车旗下的路特斯汽车是世界著名的跑车与赛车生产商。对于正在寻求向上突破的吉利来说，有了路特斯的加入，吉利便可在性能跑车领域开拓一片疆土。此外，路特斯作为复合材料和轻量化设计的领先者，也会帮助吉利在品牌形象和产品力方面再上一个新台阶。

2. 上汽的海外并购策略应用

中国汽车品牌上汽通过收购英国汽车制造企业LDV，运用海外并购策略，获得了在英国具有很高知名度和影响力的汽车品牌MAXUS，建立了全球化的销售网络，为有效提升上汽品牌的国际影响力打下了良好基础。

2009年，上汽出资近30亿元收购了英国汽车制造企业LDV公司包括有形资产（工厂设备）及无形资产（技术、品牌等）在内的全部资产。

LDV是一家位于英国伯明翰的轻型商用车制造商，主要生产厢式货车、轻卡和小型客车。该公司旗下的MAXUS品牌，曾经是英国皇家御用的汽车品牌。

2011年，上汽在最大程度保留LDV公司产品技术的基础上，结合全球汽车市场洞察，通过战略再定位，成立了上汽大通全资子公司。与此同时，上汽大通充分利用MAXUS品牌已有的知名度和影响力，面向全球推出了上汽MAXUS品牌。

在2018年的英国伯明翰车展上，上汽大通旗下续航里程超过400千米纯电动汽车EV80在众多的海外竞争者中脱颖而出，成功被英国皇家邮政选用，充分体现了上汽大通的国际竞争力。

作为上汽的国际汽车品牌，不到10年时间，上汽大通便建立了全球化的销售网络，市场触角涵盖了澳大利亚、英国等46个国家和地区，其中在英国、澳大利亚和新西兰的销量更是在中国汽车品牌中名列前茅。可以说，上汽大通不仅创造了自身的辉煌，更是扛起了中国汽车品牌的国际化大旗。

3. 北汽的海外并购策略应用

中国汽车品牌北汽通过收购荷兰英纳法集团和德国汽车品牌宝沃，运用海外并购策略，实现了产业链延伸和多品牌运营的目的，为北汽扩大在海外市场的影响力奠定了良好基础。

（1）北汽海纳川全资收购荷兰英纳法。

2011 年 6 月 23 日，北汽下属零部件生产企业北京海纳川汽车部件股份公司（以下简称北汽海纳川）宣布，收购荷兰英纳法集团 100%股份，收购金额约为 1.9 亿欧元。

英纳法是世界第二大汽车天窗供应商，具有行业领先的研发和制造能力、国际化销售渠道，客户涵盖世界众多主流汽车公司和高端品牌，目前在全球拥有 8 家工厂和 3 个研发中心。

完成收购后，北汽海纳川将拥有汽车高端零部件的研发、制造、采购体系和全球网络，将会由一个本土公司迅速变身为国际化公司。

（2）北汽福田收购宝沃。

2014 年 3 月，北汽福田以 500 万欧元的价格从宝沃品牌所有者 BorgwardAG 公司收购了该品牌。

宝沃是一家德国的汽车品牌，创建于 1919 年。20 世纪 50 年代，宝沃汽车曾经是德国第三大汽车生产商，产品遍布全球。然而由于卡尔·宝沃沉迷于技术开发与性能的提高，不在意产品成本及整体质量等问题，导致资金链断裂，在 1961 年宣布破产。

北汽福田是一家大规模的商用车企业，其主打产品是面包车、厢式货车和卡车。为了进入家用车市场，北汽福田看中了“宝沃”这个品牌。至此，“宝沃”品牌在北汽福田手中成功复活。

北汽福田作为宝沃品牌的绝对控股方，拥有绝对的话语权，而宝沃的后人克里斯蒂安·宝沃（Christian Borgward）更多的责任是做好宝沃品牌形象延续的代言人。2015 年，在法兰克福车展上，复活仅一年的宝沃就推出了首款 SUV 车型 BX7。

四、消费电子行业的海外并购策略应用分析

1. 海尔的海外并购策略应用

中国消费电子品牌海尔通过收购日本三洋白电、新西兰斐雪派克、美国通用电气家电和意大利家电企业 Candy，充分运用海外并购策略，有效拓展了自己的品牌阵营、销售渠道、研发机构和生产基地，为海尔的品牌国际化做出了贡献。

（1）收购日本三洋白电。

2011 年 10 月 18 日，海尔与日本三洋电机株式会社（以下简称三洋）签署收购协议，收购了其在日本和东南亚的白色家电（以下简称白电）业务，包括 1 个研发中心，4 个生产工厂，5 个国家的销售渠道，转让的专利超过 1200 项，商标超过 50 个，涉及员工超过 3000 人，交易在 6 个国家分别进行。此举被认为是海尔打通东南亚市场的关键所在，也是海尔全球化战略中的重要组成部分。

此次并购是海尔对三洋白电业务全系统的并购，从企划、开发到制造、销售、售后服务等整个事业体系。全系统并购最大的好处是可以尽快发挥并购的协同效应，等于把三洋白电这张“小网”放进了海尔这张“大网”里，所有业务单元可以无

障碍运行。

与此同时，海尔对并购涉及的6个国家的8家公司业务进行梳理后，重新进行了排列组合，最终形成了京都、东京两大研发中心及湖南电机（日本）、海尔越南、海尔泰国、海尔印尼4个制造基地和6个区域的本土化市场营销架构。

2012年年初，海尔开始在日本市场实行双品牌运作机制，在日本本土同时销售来自三洋的AQUA品牌和海尔自主品牌。据公开数据显示，收购完成后的一年内，海尔在日本的销售额增加了4.5倍，其中AQUA占7成，销售额为384亿日元，海尔占3成，销售额为135亿日元。

（2）收购新西兰斐雪派克。

2012年11月6日，海尔宣布完成对新西兰家电著名企业斐雪派克至少90%的股权收购，并将根据收购法规买下其余所有股份，以完成此次规模为9.27亿新西兰元（7.66亿美元）的收购。2012年12月，海尔完成对斐雪派克的收购，拥有其100%股份，成为唯一股东。

斐雪派克成立于1934年，是新西兰著名家电品牌，以生产高端冰箱、洗衣机、洗碗机等产品为主，拥有全球领先的技术和市场渠道，在新西兰占有55%的市场份额。早在2004年，斐雪派克与海尔就已经有了合作，2009年，海尔以每股1.2新西兰元的价格收购了斐雪派克20%的股份。2011年，海尔向斐雪派克提出了全资收购的意向。

全资收购完成后，双方渠道将彻底打通，为海尔进入澳大利亚和欧美市场打下基础。斐雪派克新西兰研发中心（达尼丁、奥克兰）将成为了海尔在全球布局的五大研发中心之一，以突破性创新和延续性创新支撑起海尔白电全球引领战略的落地。

同时，海尔还将受益于斐雪派克在高端市场的营销资源，对把握全球用户需求、开拓全球高端市场起到积极的促进作用。

（3）收购美国通用电气家电。

2016年6月7日，青岛海尔和通用电气宣布，双方已就青岛海尔整合通用电气家电公司的交易签署所需的交易交割文件，交易全部价款的总额约为55.8亿美元。这标志着通用电气家电正式成为青岛海尔的一员。

海尔方面称，通用电气家电总部仍将留在美国肯塔基州路易斯维尔。公司将在现有高级管理团队的引领下，开展日常工作，独立运营。由通用电气家电和海尔的高管团队及两位独立董事组成的公司董事会,将会指导公司的战略方向和业务运营。

海尔集团董事局主席、首席执行官指出，海尔和通用电气家电的企业文化中都具备与时俱进的基因，双方的强强联合定能取得1加1大于2的成果。通用电气家电拥有优秀的员工和庞大的用户资源，一定能与海尔携手，实现从传统的家电领先品牌到物联网社群平台的转型。

（4）收购意大利家电企业Candy。

2019年1月8日，青岛海尔发布公告称，收购意大利Candy公司100%股份交割完成，Candy公司100%股份转移至海尔欧洲在意大利设立的全资子公司“海尔意大利”名下。据悉，本次交易对价为4.75亿欧元，折合人民币约38.05亿元。海尔称此次交易将加大境外市场尤其是欧洲市场的拓展力度，增强对不同客户群的覆盖。

Candy公司成立于1945年，旗下包括洗衣机、独立式嵌入式厨房电器、小家电、冰箱和售后服务与其他业务五大板块，拥有Candy、Hoover两大国际品牌，以及法国Rosières和中国金羚品牌。Candy公司业务遍布欧洲、中东、亚洲及拉美等地区，拥有位于欧洲和亚洲的6大专业生产基地、超过45个子公司和代表处，以及2000多个售后服务中心与6000余名服务专员。

海尔称，通过本次交易，将进一步提升品牌布局，加大境外市场尤其是欧洲市场的拓展力度，完善产品品类，增强对不同客户群的覆盖。此次交易完成后，包括Candy、Hoover、Rosières品牌在内的海尔九大品牌将继续实现全球化协同发展，助力海尔在欧洲乃至全球家电市场的创新和升级。

2. 美的的海外并购策略应用

中国消费电子品牌美的通过收购日本东芝家电，运用海外并购策略，获得了东芝家电分布在日本、泰国等国的销售渠道和生产、服务基地，扩大了品牌阵营，为在日本市场提升品牌知名度和美誉度打下了良好基础。

2016年6月30日，美的宣布以514亿日元（约合人民币33亿元）的价格，完成对日本东芝公司家电业务子公司80.1%的股份收购。同时，获得40年的东芝品牌在全球的授权及超过5000项与东芝白色家电相关的专利。

东芝家电的主要业务包含洗衣机、吸尘器、家用空调、冰箱和厨电产品五大板块，并且在日本、中国和泰国拥有9个生产基地，在日本拥有34个销售基地和95个服务基地，在中东、埃及等地也都布有销售网点。拿下东芝，意味着美的加速进军海外的步伐。

美的收购东芝，可以借助东芝品牌更好地进军国产品牌难以进入的发达国家市场。例如，在日本本土市场，东芝的产品定位在高端。在欧洲和北美，东芝也拥有一定的知名度。另外，可以获得东芝家电技术上的支持。东芝拥有如扫地机器人、充电吸尘器及冰箱变频技术等专利技术,这些技术虽然美的也有，但不够精湛。

此次收购的最大价值，在于为美的赢得了日本市场。因为日本至今为止仍然是全球门槛最高的市场，尤其是家电产品，在2005年之前的30年时间里，日本一直在全球家电产业占据优势地位。时至今日，日本仍然是全球变频控制技术、OLED显示技术的主要专利拥有国。

3. 海信的海外并购策略应用

中国消费电子品牌海信通过收购日本东芝公司旗下的TVS公司，运用海外并购策略，获得了相关的技术支持和供应链资源，扩充了品牌阵营，为有效提升品牌在海外的知名度和美誉度打下了良好基础。

2018年7月25日，海信电器以59.85亿日元（约合人民币3.55亿元）价格完成了对日本东芝公司旗下TVS公司95%的股权收购。

股权转让完成后,TVS公司将成为海信电器的控股子公司，海信电器将获得东芝电视40年全球品牌授权。海信表示，收购TVS公司，是基于三个方面的考虑：①东芝是历史悠久的品牌，并且曾经是电视行业领先者，收购后将进一步加速海信电视的国际化进程；②东芝电视在图像处理、画质芯片、音响等方面有深厚的技术积累，收购后可以实现双方在电视技术、产品方面的互相补充提升，同时有利于缩短东芝电视产品上市的周期和降低开发成本；③海信电视拥有采购和制造的成本优势和规模效应，收购后通过与东芝电视共享供应链资源，可以提高东芝电视产品的市场竞争力和盈利能力。

五、旅游服务行业的海外并购策略应用分析

1. 携程的海外并购策略应用

中国旅游服务品牌携程通过收购英国天巡控股和美国 Gogobot 网，运用海外并购策略，增加了海外服务平台，扩大了品牌阵营，有效地提升了品牌在海外的影响力。

（1）收购英国天巡控股。

2016 年 11 月 24 日，携程宣布，以大约 14 亿英镑（约合 120 亿元）的价格收购了英国天巡控股有限公司（以下简称天巡控股）主要股东的全部股份，并根据英国相关法律要求对其他股东提出收购要约。

天巡控股的总部位于英国爱丁堡，是一家旅行搜索平台。该平台支持超过 30 种语言，服务 190 个国家，有 6000 万月活跃用户，每年完成超过 20 亿次机票搜索请求，是欧洲旅游搜索领域的领先者，并在亚太地区和美国不断扩大影响力。

此次收购，将加强两家公司的长期增长引擎，增强携程机票业务在全球范围内的实力。天巡控股创始人兼首席执行官 Gareth Williams 说：“这是我们成为全球使用最广受信任旅行品牌的征途上另一个重要的里程碑。我们相信，加入携程将会使我们加速成长，更快实现我们的战略目标。”

（2）收购美国互联网旅游服务公司 Gogobot。

2017 年 11 月 1 日，携程宣布以接近 1 亿美元的价格完成对美国互联网旅游服务公司 Gogobot 的收购。该公司旗下拥有

一个社交旅游网站 Trip.com。由于英文单词“trip”有“旅游、旅行、出行”等含义，Trip.com 也就自然而然地成了旅游行业的知名域名。

Gogobot 于 2010 年 4 月 16 日在美国注册成立。除了帮助人们使用社交网络来规划他们的假期生活以外，Gogobot 还能打造更为统一的旅行搜索体验，覆盖旅行、寄宿等多种模式。但最核心的内容，则是其 2012 年 11 月推出的酒店和机票比价搜索。

携程表示，Trip.com 在美国市场颇有影响力，超过 6000 万人使用它来规划他们的旅行。此次收购，携程一方面是看中了 Trip.com 的域名，另一方面，携程也看中了 Trip.com 团队在内容和技术方面的积累。

2017 年 10 月 29 日，携程在总部上海举行成立二十周年庆典。庆典上，携程联合创始人、董事局主席宣布，正式将企业名字更改为携程集团，英文名从 Ctrip 正式更名为 Trip.com Group（携程集团）。经查询，域名 Trip.com 已于 2017 年 10 月 17 日过户到上海携程商务有限公司名下。

2. 锦江国际的海外并购策略应用

中国旅游服务品牌锦江国际通过收购法国卢浮酒店集团和比利时丽笙酒店集团等，运用海外并购策略，有效地提升了品牌的综合竞争力和海外影响力。

（1）收购法国卢浮酒店集团。

2014 年 11 月 11 日，锦江国际(集团)有限公司和美国喜达屋资本集团联合宣布，双方已就喜达屋资本出售卢浮集团和全资子公司卢浮酒店集团 100% 股权签署相关协议。

2011 年 11 月，卢浮酒店集团和锦江国际建立业务合作关系，在中法两国主要城市推出锦江和卢浮的复合品牌酒店，从而建立在对方主要市场的企业知名度，并推动中法之间的酒店和旅游业发展。良好的合作为此次交易奠定了坚实的基础。

锦江国际表示，锦江和卢浮在品牌、地域和客源等方面都具有很强互补性。期待着和卢浮酒店集团旗下的管理团队、员工及各方携手合作，为双方未来的全球发展和布局创造更大的空间。

卢浮酒店集团总部位于法国巴黎，于 1976 年成立并自 2005 年起由美国喜达屋资本集团持有。集团旗下经营着 7 个各有特色的酒店品牌（Première Classe、Campanile、Kyriad、Tulip Inn、Golden Tulip 和 Royal Tulip），在全球 40 多个国家拥有 1100 家酒店的 9 万多间客房。

（2）收购比利时丽笙酒店集团。

2018 年 11 月 13 日，锦江国际牵头的国际财团通过联合收购平台 Aplite Holdings AB 完成了对比利时丽笙酒店集团的收购。

丽笙酒店集团前身是卡尔森瑞德酒店集团，成立于 1930 年，是一家全球性高档酒店管理公司，管理运营着 1151 家酒店，17.93 万间客房，覆盖五大洲超过 114 个国家，主要位于西欧、中东欧、北欧及美洲等地区，主要品牌有丽笙精选、丽笙、丽亭、丽柏、丽怡等。

完成收购后，锦江酒店全球布局拓展到 120 多个国家，酒店数量超过 10000 家，客房 100 万间，品牌体系实现了中高端全覆盖。

六、纺织服装行业的海外并购策略应用分析

1. 安踏的海外并购策略应用

中国服装品牌安踏通过收购芬兰服装品牌亚玛芬，运用海外并购策略，有效扩充了自己的品牌阵营销售网络，为进一步扩大品牌的海外影响力打下了良好基础。

2019 年 4 月，安踏斥资 56 亿欧元，收购了芬兰品牌亚玛芬体育 98.11% 的股份。收购完成后，安踏的版图将不再仅仅是中国，而是扩展到了欧洲及美国等市场。

亚玛芬体育 1950 年成立于芬兰，旗下拥有 10 多个知名品牌，并且大多定位高端，比如加拿大的户外品牌始祖鸟、美国的球类品牌 Wilson，还有奥地利的滑雪装备品牌 Atomic。

2. 雅戈尔的海外并购策略应用

中国服装品牌雅戈尔通过收购美国 KWD 公司旗下的 Smart 服装集团有限公司（以下简称 SMART）和新马服装国际有限公司（以下简称新马），运用海外并购策略，提升了在海内外的生产能力、物流配送能力和销售网络，为进一步提升品牌的海外影响力打下了良好基础。

2007 年 11 月，雅戈尔与美国五大服装巨头之一的 Kellwood 公司（以下简称 KWD）及其全资子公司 Kellwood Asia Limited（以下简称 KWD ASIA）签订三方《股权购买协议》，出资约 7000 万美元收购 KWD ASIA 持有的 Smart 服装集团有限公司 100% 股权，出资约 5000 万美元收购 KWD 持有的新马服装国际有限公司 100% 股权。本次收购金额共计 1.2 亿美元，成为中国服饰界著名的海外并购案，为中国服装业海外扩张提

供了借鉴。

SMART 和新马，是 KWD 的男装核心业务部门，拥有世界著名品牌 POLO 在内的 20 多个品牌的 ODM 业务，其中 SMART 的资产主要是位于深圳、吉林、中国香港，以及斯里兰卡、印度尼西亚和菲律宾的 14 个生产基地，新马的资产则包括在中国香港地区的设计团队与美国数十家大型百货公司密切的业务关系及物流配送体系。

通过本次收购，雅戈尔的生产能力将达到 8000 万件，成为世界著名的大型男装企业。同时，通过新马的营销渠道及物流平台，雅戈尔的产品可以直接进入美国的零售市场，与这些销售网点实行一对一的实时送货,满足它们零库存的销售要求。更重要的是，雅戈尔的产品销往美国再无须受配额限制。

本次收购，使雅戈尔在美欧对中国纺织品有种种设限的环境下，进一步增强了海外生产和海外销售的能力。与此同时，新马的设计团队拥有的对服装理解和设计的能力，将有助于提升雅戈尔的整体服装设计水平。

七、其他行业的海外并购策略应用分析

1. 上海家化的海外并购策略应用

中国日化品牌上海家化通过收购英国母婴产品公司 Cayman A2，运用海外并购策略，扩充了品牌阵营，拓展了销售渠道，为进一步提升品牌的国际影响力打下了良好基础。

2017 年 12 月 28 日，上海家化以 2.93 亿美元（约 19.96 亿元）的价格，完成了对英国 Cayman A2，Ltd. 公司的全部收购事宜，拥有了该公司 100% 的股权和相关股东的债权。

Cayman A2，Ltd. 公司的子公司 Mayborn 集团是在英国和澳大利亚著名的母婴产品公司，在英国市场的婴儿喂养产品生产商里名列前茅，旗下有生产奶瓶、奶嘴等婴儿用品的知名母婴品牌汤美天地（Tommee Tippee）。

在世界范围内拥有成熟市场的 Mayborn 集团及旗下品牌 Tommee Tippee，为上海家化构建国际化母婴平台、拓展海外市场打下了坚实基础。根据官方提供的数据，Mayborn 集团的产品在英国、美国、澳大利亚，以及欧洲、中东、非洲和亚洲均有销售。在英国本土，Tommee Tippe 行业市场份额约 40%；在美国市场，Tommee Tippee 在高度分散的婴儿产品市场拥有约 4% 的份额；在澳大利亚和新西兰市场，Tommee Tippee 也有着较高知名度。

2. 阿里巴巴的海外并购策略应用

中国信息技术品牌阿里巴巴通过收购东南亚领先电商平台 Lazada Group SpA（来赞达），运用海外并购策略，有效扩展了自己的服务网络，为进一步扩大品牌在东南亚地区的影响力打下了良好基础。

2016 年 4 月 12 日，阿里巴巴以 10 亿美元的投资控股东南亚领先电商平台 Lazada Group SpA。其中，5 亿美元将用于收购 Lazada Group SpA 新发行的股本，余下的 5 亿美元从 Lazada Group SpA 现有投资者买入股权，这些投资者包括 Rocket Internet SE、Investment AB Kinnevik 及英国连锁超市集团 Tesco PLC（乐购），他们分别以 1.37 亿美元、5700 万美元和 1.29 亿美元各自出售了 9.1%、3.8% 和 8.6% 的股权。截至 2018 年年底，阿里巴巴已经累计向 Lazada Group SpA 投资 40

亿美元，持有该公司 83% 的股份。

Lazada Group SpA 由德国电商孵化器 Rocket Internet SE 在 2012 年创立，总部位于新加坡，同时在印度尼西亚、马来西亚、泰国、越南和菲律宾设有当地语言网站业务，被誉为东南亚的“亚马逊”。该集团既建立了自有物流平台，也和第三方物流公司合作。

阿里巴巴表示，希望凭借对 Lazada Group SpA 的控制帮助已经在阿里巴巴平台经营的全球品牌和分销商及本地卖家快速占领东南亚消费者市场。

3. 阿里影业的海外并购策略应用

中国文化传媒品牌阿里影业通过收购印度在线票务公司 TicketNew，运用海外并购策略，有效地提升了品牌在印度市场的综合竞争力，为进一步提升品牌的海外影响力打下良好基础。

2017 年 6 月，阿里影业收购了印度在线票务公司 TicketNew 的大部分股权，投资金额接近 12 亿卢比（约合 1.27 亿元）。

TicketNew 于 2007 年创立于金奈，集单屏影院、电影发行商、制作公司及用户活动等业务于一体，在印度覆盖约 3000 张银幕，日均出票量约 10 万张，是仅次于 BookMyShow 的印度第二大在线票务平台。加入阿里影业之后，TicketNew 日均出票量能提升至 30 万张。

2017 年 3 月，阿里巴巴还收购了中国著名的演出票务平台大麦网，目前阿里影业旗下还拥有淘票票这一在线票务平台。收购 TicketNew，将有利于阿里影业在印度的扩张。

第三章　合作推广策略

一、合作推广策略概述

合作推广策略是指在品牌国际化推广过程中，品牌商通过与目标市场国家或地区的具有互补优势的同行业企业或政府机构合作，或者与目标市场以外的第三方具有互补优势的企业合作，扩大销售网络，提升服务质量，从而达到共同扩大市场份额，提升品牌知名度、美誉度和影响力的策略。

合作推广策略是自主品牌国际化策略中应用频率较高的一种策略，在本书研究选取的 225 个案例中，应用合作推广策略的案例高达 28 个，占比 12.44%。其中，28.6% 应用于旅游服务行业，21.4% 应用于信息技术行业，17.9% 应用于汽车行业，14.3% 应用于消费电子行业， 10.7% 应用于文化传媒行业，在食品饮料、纺织服装行业的应用均不足 10%。

合作推广策略在各行业中的应用频率具体如下图所示。

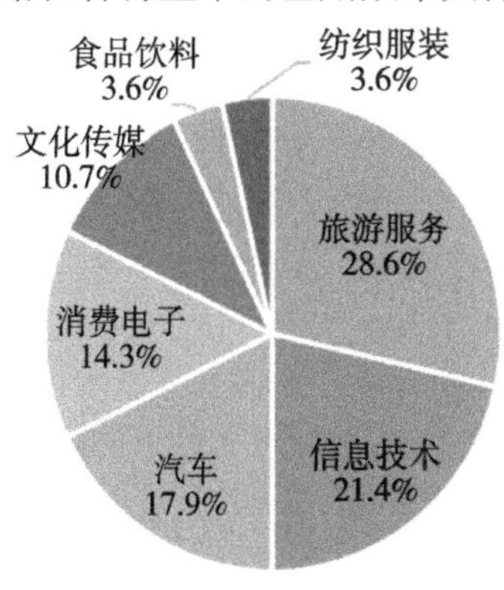

图　合作推广策略在各行业的应用频率

二、旅游服务行业的合作推广策略应用分析

1. 南航的合作推广策略应用

中国旅游服务品牌南航通过与英国航空、美国航空、芬兰航空、阿联酋航空等同行业企业开展代码共享合作，与澳大利亚旅游局开展战略合作，运用合作推广策略，有效拓展了自身的市场空间，为进一步提升品牌的海外影响力打下了良好基础。

（1）与英国航空建立代码共享合作[①]伙伴关系。

2017 年 12 月 12 日，南航与英国航空正式建立代码共享合作伙伴关系，该合作进一步完善了双方航线网络，有助于双方进入彼此的本土市场。2017 年 12 月 19 日起，南航旅客可通过英国航空的航班从伦敦飞往爱丁堡、格拉斯哥、曼彻斯特、纽卡斯尔和贝尔法斯特，英国航空旅客可通过南航的航班从浦东或北京飞往沈阳、哈尔滨、长春和大连。

南航表示，英国是南航的重要市场。2012 年，南航开通广州直飞伦敦的航线，为中英两国的商务往来和观光旅游提供了便捷选择。凭借此项伙伴关系，南航将能够更好地拓展国际业务，把服务范围经由英国航空的伦敦枢纽拓展至英国境内。

（2）与澳大利亚旅游局开展战略合作。

2018 年 9 月 16 日，澳大利亚旅游局（以下简称澳旅局）在广州与南航签署了为期三年的战略合作协议，旨在共同促进

① 代码共享合作（Code-sharing）是指一家航空公司通过协议约定允许另一家（或多家）航空公司在自己经营的航班上使用它（们）的航班代码的合作经营行为。简言之，就是一家航空公司的航班号（即代码）可以用在另一家航空公司执飞的航班上，并开展销售。对于旅客而言，代码共享可以为旅客提供更高频率的航班和更多的通航点。

赴澳商务会奖旅游市场。

根据协议约定，南航与澳旅局将面向中国地区的商务旅客、会展旅游机构及企业买家，共同开展一系列品牌推广和市场营销活动，为南航旅客提供更加多样的航空旅游产品。此外，南航的全球航线网络也将为中外旅客赴澳旅游、交流提供更多便利。

目前，南航是中国大陆到大洋洲的最大航空承运人，南航已经实现了对澳大利亚 6 个主要城市的覆盖，航线网络覆盖一线的悉尼、墨尔本，也深入到了珀斯、布里斯班、阿德莱德、凯恩斯等特色旅游商务城市，是在大洋洲开通直航城市最多的中国航空公司之一。

伴随南航澳大利亚航线的逐渐发力和运营网络的进一步成熟，南航与澳旅局的战略合作伙伴关系，将使得双方在彼此市场的影响力得到有效提升。

（3）与美国航空扩大代码共享和常旅客[①]合作。

2018 年 11 月 28 日，南航与美国航空在广州签署了代码共享合作扩大协议、常旅客合作协议及休息室合作谅解备忘录，决定进一步加强商务和战略合作。

2019 年 3 月 21 日，南航官网发布消息称，自 2019 年 3 月 20 日（含）起，南航与美国航空开展全网络的常旅客合作，在双方的全航线网络内为双方会员提供里程累积和免票兑换权

① 常旅客（Frequent Flyer）是航空公司等旅游服务类企业对经常购买使用其服务的客户的一种称呼，通常就是指会员。对于常旅客，这些企业会推出以里程累积或积分累计奖励里程为主的促销手段，以吸引公商务旅客，提高公司竞争力。

益。南航明珠会员可在美航每天飞往 350 多个目的地的 6700 个航班上累积南航里程并可使用南航里程在美航航班上兑换会员奖励机票。美航 AAdvantage 会员也可以在南航每天飞往 224 个目的地的 3000 多个航班上累积美航里程和使用美航里程在南航航班上兑换会员奖励机票。

（4）与芬兰航空开展代码共享合作。

2019 年 5 月 21 日，南航宣布，自 2019 年 6 月 1 日起，南航与芬兰航空（以下简称芬航）正式开展合作，在广州—赫尔辛基航线及部分欧洲和中国地区的航线实施代码共享，这是南航航线网络首次拓展到北欧地区的多个城市，代码共享航线即日起上线销售。

通过与芬航的合作，南航的旅客可从广州前往赫尔辛基，并从赫尔辛基中转到阿姆斯特丹、比隆德、哥本哈根等欧洲城市。芬航旅客也可以从赫尔辛基经由广州中转到长沙、重庆、杭州等多个中国城市。

南航表示："芬兰航空拥有发达的航线网络及高标准的服务水平。芬兰是一个备受青睐的旅游和商业目的地，我们很高兴可以让来自世界各地的游客更轻松地前往赫尔辛基。我们将携手合作伙伴，持续为乘客提供无缝的出行体验。"

（5）与阿联酋航空开启代码共享合作。

2019 年 6 月 20 日，南航宣布，即日起，南航与阿联酋航空（以下简称阿航）在双方共飞的广州—迪拜航线上开展代码共享合作，并即日开放销售预订。双方将为旅客提供更高频率的航班，更加优惠的全航程票价。旅客还可借此享受便捷、丰富的中转服务。

除广州—迪拜航线外，双方将陆续上线更多代码共享航线，包括迪拜飞往开罗、马埃岛、拉各斯、利雅得、吉达、科威特城及马斯喀特的航班和部分进出广州的中国国内航线。未来，双方还将进一步对接航线网络，在客户层面开展合作，共同为旅客提供舒适、便捷的全球出行服务。

通过合作，双方将发挥各自优势，完善彼此的全球航线网络，并进一步巩固广州—迪拜的全球航空枢纽地位。

2. 携程的合作推广策略应用

中国旅游服务品牌携程通过与日本的北海道政府、横滨市政府等政府机构及与荷兰皇家航空合作，运用合作推广策略，有效地提升了在日本、荷兰等目标市场国家的综合竞争力，为进一步提升品牌的海外影响力打下了良好基础。

（1）与北海道政府、北海道观光振兴机构开展全方位合作。

2018 年 9 月 5 日，携程、日本北海道政府、北海道观光振兴机构三方签订了有关招揽游客的合作协议。三方将在互联网营销、旅游产品开发及当地酒店开拓等方面进行全方位合作。

按照协议，携程将在网站页面上登载北海道的宣传信息，向游客介绍其配置的专用的观光招待所,并介绍受欢迎的景点。

北海道知事高桥春美表示，目前，中国游客对北海道的访问热情居日本各旅游地区之首。我们希望借助携程的平台和流量优势，吸引更多中国游客在内的全球游客，促进北海道海外客源的快速增长。

在助力北海道旅游品牌营销基础上，携程还将引入更多北海道当地酒店，进一步丰富海外酒店产品库存，满足中国游客的个性化住宿需求。

（2）与荷兰皇家航空开展战略合作。

2018 年 10 月 16 日，携程与荷兰皇家航空（以下简称荷航）正式签署战略合作协议。

作为荷航在中国市场的重要分销伙伴，携程未来将与荷航全方位深化合作，发挥在中高端商务客户群体中的影响力，推动外航会员服务体系创新，为旅客提供更丰富和独特的产品。通过合作，携程将为欧洲合作伙伴输送更多游客，成为中欧经贸往来、文化交流和民间外交的桥梁。

荷航表示，与携程的合作具有非凡潜力，双方在主营业务和供应链上互补效应明显，可以帮助其在客户服务、数据运营、航线开发和产品营销等领域实现创新。

（3）与横滨市政府达成战略合作。

2018 年 11 月 19 日，日本横滨市政府与携程签订战略合作协议。双方将在目的地营销推广、产品开发等多领域进行深度合作。此后，携程将在该公司社交网站（SNS）等平台发布横滨市相关旅游信息，双方将共同分析中国游客动向，以带动开发旅游商品。

横滨位于日本神奈川县，是仅次于东京的日本第二大城市。日本政府公布的数据显示，中国大陆连续 3 年名列“赴日人数地区排行榜”的首位。其中，横滨吸引的中国游客量增长迅速，主要以 80 后、90 后为主，市场潜力巨大。

三、信息技术行业的合作推广策略应用分析

1. 阿里巴巴的合作推广策略应用

中国信息技术品牌阿里巴巴通过与日本、俄罗斯及北欧等

目标市场国家或地区的相关企业合作，以及与卢旺达政府合作，运用合作推广策略，有效拓展了旗下互联网金融服务产品支付宝和世界电子贸易平台（eWTP）的市场空间，为进一步提升品牌的海外知名度和影响力打下了良好基础。

（1）与日本连锁药妆店松本清合作推广支付宝。

2018 年 10 月 30 日，日本连锁药妆店松本清（Matsumoto Kiyoshi）与阿里巴巴旗下品牌支付宝达成合作协议，全面接受支付宝付款。即日起，中国游客可于松本清分布在日本全国的 1600 家分店，使用支付宝付款，实现无现金快速交易。

（2）与卢旺达政府合作启动 eWTP。

2018 年 11 月 5 日，阿里巴巴和卢旺达政府在卢旺达首都基加利启动了世界电子贸易平台（eWTP），阿里巴巴将在电子商务、电子支付、旅游和能力建设等方面与卢旺达政府展开合作。这是 eWTP 首次在非洲国家落地。

随着 eWTP 的落地，阿里巴巴将和卢旺达政府合作，帮助卢旺达中小企业向中国消费者销售咖啡、手工艺品等当地特色产品，向中国游客推广卢旺达旅游，以及为卢旺达数字经济发展培训人才，支持卢旺达经济发展。

不同于以往主要服务大企业的贸易体系，eWTP 旨在建立一套普惠的全球贸易体系和规则，推动贸易、旅游、培训和科技的全球普惠，让全球中小企业、年轻人和女性都能平等便利地参与全球贸易。

卢旺达是世界上重要的咖啡产地，以出产优质上品咖啡著称。如今，卢旺达咖啡和手工艺品已开始通过天猫国际向中国消费者销售，飞猪将帮助中国普通消费者首次了解卢旺达优美的自然公园，此外，阿里巴巴的移动支付技术将提升卢旺达的商业基础设施。

（3）与北欧两大电子钱包运营商合作推广支付宝。

2018 年 12 月 13 日，阿里巴巴旗下品牌支付宝宣布，与挪威最大的电子货币钱包 Vipps 合作，在挪威卑尔根市的 30 家商家率先接入支付宝，接受扫码付款，并将把该服务拓展到挪威更多地区。

此次接入支付宝的商家覆盖零售店、姜饼城、鱼市、景点、餐厅、酒店等，包括全世界最大的姜饼城 Pepperkakebyen、能吃到活帝王蟹的著名鱼市 Fjellskal、"世界文化遗产"布吕根小镇等这些中国游客必到的挪威景点。

据了解，北欧两大电子钱包 Vipps（挪威）和 ePassi（芬兰），服务着近 13 万欧洲商户。2016 年起，芬兰的 ePassi 开始帮助本国及周边国家（包括冰岛、西班牙、爱沙尼亚、瑞典等）的商户大面积接入支付宝，从 3 万英尺（1 英尺≈ 0.3 米）高空的芬兰航空到圣诞老人村里的衣食住行都实现了移动支付。

据尼尔森[①]2018 年发布的调研报告显示，65% 的中国游客境外旅行时用过移动支付；如果境外商户能接受支付宝扫码付款，超过 90% 的中国游客会购买更多的商品和服务。

（4）与俄罗斯 Tinkoff 银行合作推广支付宝。

2019 年 1 月 24 日，阿里巴巴宣布，借助与俄罗斯 Tinkoff 银行的合作扩大支付宝系统在俄罗斯的使用。这一合作将有助于支

① 尼尔森是全球著名的市场监测和数据分析公司，1923 年由现代市场研究行业的奠基人之一的阿瑟·查尔斯·尼尔森创立，总部位于英国牛津，并在美国伊利诺伊州的商堡（Schaumburg）、比利时的瓦韦尔（Wavre）、澳大利亚的悉尼、阿根廷的布宜诺斯艾利斯、塞浦路斯的尼科西亚，以及中国的北京、上海和香港建立了区域业务中心。

付宝在近期覆盖俄罗斯受中国游客欢迎的各城市数千个零售点。

目前，俄罗斯接入支付宝的有超过2.5万家商店，包括杂货零售店、奢侈品零售店和百货商店及莫斯科、圣彼得堡和其他城市的免税店、印地纺（Inditex）集团商店、快餐店还有化妆美容连锁店。

2. 腾讯的合作推广策略应用

中国信息技术品牌腾讯通过与韩国互联网公司NHN的日本子公司NHN Japan旗下的移动支付品牌LINE Pay合作，以及与韩国济州道政府的合作，运用合作推广策略，有效扩大了旗下移动支付品牌微信支付及腾讯企业品牌在日本和韩国市场的影响力，为进一步提升品牌的海外影响力打下了良好基础。

（1）与LINE Pay合作在日本共同推广微信支付。

2018年11月27日，腾讯旗下的微信支付与LINE Pay在日本东京宣布双方将在日本共同推广移动支付。日本商户通过一个集成系统，既可为日本本地用户提供LINE Pay，又可为赴日中国游客提供微信支付的收款选择。

微信支付表示，此次在日本与LINE Pay的战略合作，微信支付将联合LINE Pay的线下运营能力，进一步渗透日本的本地生活场景，为中国游客提供更深入的服务。

通过此次合作，中国游客将可以在更多的日本大街小巷，使用微信支付，享受优惠汇率，并免除兑换货币和准备现金的麻烦。

通过合作，LINE Pay也将因为集成微信支付、提升合作商户向中国游客收款的能力而吸引更多的日本商户接入。日本商户无须购买扫码枪等电子收银设备，就可以极低的门槛进入数字化运营。

Line 是韩国互联网公司 NHN 的日本子公司 NHN Japan 旗下的即时通信应用，于 2011 年推出，全球注册用户超过 4 亿人。Line Pay 是 Line 在 2014 年 12 月推出的一项支付功能。

（2）与济州道政府携手推进智慧旅游。

2018 年 12 月 10 日，腾讯与韩国济州道政府签署业务合作协议，决定携手推进“济州智慧旅游”，搞活当地的旅游产业和传统市场。

济州道方面表示，将在微信开设济州公众号，面向关注用户宣传打折促销信息；还将利用微信支付的大数据分析结果掌握中国散客的消费倾向，进一步吸引中国游客；并将积极申办国际活动，促进文化交流和济州旅游产业的发展。期待此次签约能进一步搞活济州旅游产业和传统市场，取得让两国人民都满意的成果。

腾讯方面表示，将积极推进微信支付与济州商户的合作，以微信跨境支付为纽带，进一步推动中国方案与济州本地行业结合，既为中国游客提升境外旅游体验，也为济州道振兴智慧旅游产业提供助力。

根据协议，腾讯还将为济州道推进智慧城市建设提供咨询，同时推进济州道当地拥有相关技术的 IT 企业参与，带动当地市场的数字化建设能力。

四、汽车行业的合作推广策略应用分析

1. 长城汽车的合作推广策略应用

中国汽车品牌长城通过与全球著名的个性化汽车生产商德国巴博斯合作，运用合作推广策略，有效地提升了旗下

WEY 品牌的定位，为进一步在欧洲市场扩大品牌影响力打下了良好基础。

2019 年 3 月 6 日，长城汽车与德国巴博斯汽车正式签署战略合作框架协议。根据协议，双方将展开关于动力总成、内外饰设计的研发及整车调校等方面的合作，并将推出 WEY 限量版、年度版车型及高端车型定制版本。同时，双方还将就未来及先行技术展开研究与设计，并探讨包括欧盟市场整车合规性认证在内的全球合作，以及合资合作的可行性，进一步落实 WEY 品牌“走上去、走出去”的全球化愿景，也彰显出长城汽车作为中国力量成为世界 SUV 领先者的决心。

作为全球著名的个性化汽车生产商，巴博斯集团凭借专业的发动机改装技术和动力性能优势享誉全球。随着长城汽车与巴博斯汽车合作的开启，WEY 品牌将以更具高端内涵的产品及服务体验惠及更多消费者，实现从中国的 WEY 到世界的 WEY。

2. 比亚迪的合作推广策略应用

中国汽车品牌比亚迪通过与具有互补优势的新加坡出租车公司、全球第三大电力公司 Enel 合作，运用合作推广策略，迅速占领了新加坡的电动出租车市场、智利的电动大巴市场和秘鲁的电动出租车市场，为快速提升品牌的全球影响力打下了良好基础。

（1）与新加坡出租车公司合作推广 e6 纯电动出租车。

2017 年 2 月，由比亚迪生产的 100 辆比亚迪 e6 纯电动出租车在新加坡正式投入商业运营。

由于比亚迪生产的电动车拥有全球运行经验、优秀的运营数据，而且比亚迪秉持的清洁环保理念与新加坡政府的需求高度契合，因此新加坡政府将该国首批电动出租车牌照颁发给了比亚迪当地合作伙伴——新加坡宏达同出租车公司，全部用于比亚迪电动车的运行。

据推算，100 辆 e6 电动车每年能为新加坡减少二氧化碳排放约 46400 吨，相当于植树近 26000 棵，环保效益非常显著。

新加坡宏达同出租车公司总裁表示，比亚迪电动车已经成为宏达同的名片，乘客们对其非常满意，这也是我们再次选择而且将一直坚持选择比亚迪的原因。

（2）与 Enel 合作在智利推广电动大巴。

2017 年 5 月，比亚迪与全球第三大电力公司 Enel（意大利国家电力公司）合作，率先赢得智利纯电动大巴订单。同年 11 月，比亚迪纯电动大巴在圣地亚哥交通系统投入运营，开启了智利公交电动化的先河。2018 年 6 月，智利能源部、交通部和电信部联合公布的调查结果显示，接受调查的 740 名电动公交车乘客给比亚迪电动公交车的评分是 6.3 分（7 分是满分），远高于圣地亚哥公交系统 4.6 分的平均得分。

2018 年 12 月 13 日，智利政府向比亚迪追加订购的 100 台 K9 型纯电动公交车在圣地亚哥交付。两天后，这支定制的“超级智利红”比亚迪纯电动大巴车队出现在圣地亚哥的主城区干道上，由圣地亚哥公交运营商 Metbus 运营。此次比亚迪交付的电动巴士和充电桩由 Enel 公司出资购买。Enel 公司拉美区域 CEO 西莫内 · 特里佩皮（Simone Tripepi）表示，很开心能和比亚迪与智利政府一起实现公共交通电动化的梦想，希望拉美其他国家也可以像智利一样做出如此出色的成绩。

2019 年 10 月 15 日，智利开通本国第一条纯电动大巴公交专线，投入运行的 183 台纯电动大巴全部来自比亚迪。

（3）与 Enel 合作在秘鲁推广电动出租车。

2019 年 8 月 6 日，Enel X（Enel 的子公司）、比亚迪和 Taxi Directo 三家公司联合在秘鲁推出了第一个电动出租车试点项目，三家公司分别负责提供充电桩、电动汽车和车辆运营管理。2019 年 8 月 7 日，秘鲁第一辆电动出租车在利马亮相。

（4）与洛杉矶市交通局合作推广电动大巴。

2020 年 2 月 20 日，美国洛杉矶市交通局购买比亚迪大巴订单宣布仪式在洛杉矶市交通局的一处全新巴士场站举行。

洛杉矶市长表示，比亚迪的美国总部就在洛杉矶市，我们非常高兴与比亚迪合作。他宣布，洛杉矶市将一次性订购 155 辆零排放标准的电动大巴，其中 134 辆由比亚迪制造。

根据洛杉矶市规划，2028 年奥运会前，全市公交巴士都将升级为绿色能源车型；到 2050 年，市内交通工具要彻底实现零排放。近 10 米长的比亚迪 K7M 型大巴投入使用，就是实现这些梦想的重要一步。

据测算，以 K7M 型为主的 134 辆比亚迪大巴交付使用后，在 12 年保质期内，温室气体排放量将比当前洛杉矶市使用的天然气巴士减少 81%。

比亚迪 2013 年在美国建厂，2014 年开始与洛杉矶市交通局合作，2017 年起向洛杉矶市提供电动巴士。

3. 奇瑞的合作推广策略应用

中国汽车品牌奇瑞通过和巴西最大的汽车制造与销售商 CAOA 集团合作，运用合作推广策略，有效强化了奇瑞品牌在拉美地区的影响力。

2017 年 11 月 11 日，奇瑞和巴西著名的汽车制造与销售商 CAOA 集团签署了战略合作协议，双方将在研发、制造、采购、销售等领域深度合作，共同强化奇瑞品牌在拉美地区的影响力。

本次合作，双方将充分利用双方的研发、产能、渠道等优势资源，组建联合团队，持续增加在巴西的资金投入和资源投放，共同强化奇瑞品牌在巴西的影响力。双方还商定，未来几年每年在巴西市场投放 2~3 款高度符合巴西消费者需求的奇瑞新产品。

五、消费电子行业的合作推广策略应用分析

1. 小米的合作推广策略应用

中国消费电子品牌小米通过与新加坡佳杰科技、韩国 GmobiKOREA 公司合作，运用合作推广策略，有效地扩展了在新加坡和韩国市场的销售渠道和服务质量，为进一步提升品牌在新加坡和韩国市场的影响力打下了良好基础。

（1）与 ECS 合作在新加坡开设线下体验店。

2016 年 10 月，小米首个国外线下体验店在新加坡最繁华的购物中心新达城开业，销售产品小米系列手机与配件、运动手环、旅行箱、电动自行车等小米产品。

与国内线下体验店不同的是，这家店并不是小米直接经营，而是由本地代理商佳杰科技（ECS）来运营，这家公司也帮小米在马来西亚销售 Pad。

佳杰科技总部位于新加坡，具有多年的 ICT 电子产品分销服务经验，是亚太地区 ICT 电子产品分销及增值服务行业的领先者，在中国、泰国、马来西亚、菲律宾、印度尼西亚等地

都设有分支机构，服务18700多家渠道伙伴，年度业务量超过20亿美元。

（2）授权韩国GmobiKOREA公司为第一家韩国总经销商。

2018年8月，小米通过授权韩国GmobiKOREA公司为第一家韩国总经销商，正式向韩国市场进军。

GmobiKOREA公司总裁郑胜熙表示，在韩国，小米的最大竞争对手不是三星电子，而是海淘渠道。因为很多韩国消费者都会直接通过网购渠道从中国购买产品。但她也表示，通过海淘购买的产品无法享受售后服务，而且产品质量也无法得到保障，存在安全隐患。

郑胜熙计划将小米智能手机的全部系列产品都引进韩国。她认为，从售价便宜的智能手机开始，以后还将慢慢引进售价稍高的产品。

2.OPPO的合作推广策略应用

中国消费电子品牌OPPO通过与诺基亚公司合作，运用合作推广策略，有效地提升了品牌的综合竞争力，为进一步提升品牌在全球市场尤其是欧洲市场的影响力打下了良好基础。

2018年11月28日，OPPO广东移动通信有限公司宣布，与诺基亚公司正式签订专利许可协议。基于此协议，双方将在专利领域实现交叉许可。

通过本次合作，OPPO将在未来5年，通过使用诺基亚的知识产权，加入三星、小米和华为的行列。OPPO知识产权总监冯英表示，诺基亚是全球领先的通信技术厂商，此次OPPO与诺基亚签订专利许可协议，将有助于双方充分利用彼此在移动通信领域的技术积累，并助力OPPO拓展全球市场尤其是欧洲市场。

目前，OPPO 已在闪充、影像、图片处理、拍照等领域形成了自己的技术壁垒性专利包,并在全球范围内进行专利布局。截至 2018 年 11 月，OPPO 全球专利申请数量超过 27000 件，授权数量超过 5000 件，并仍在持续增长。

3. 华为的合作推广策略应用

中国消费电子品牌华为通过与印度手机制造商 Micromax 合作，扩大了在印度的分销网络，有效地提升了品牌在印度市场的综合影响力。

2019 年 7 月，华为宣布，与印度手机制造商 Micromax 合作，以加强其在印度线下市场的立足点。

Micromax 拥有印度最大的分销网络之一，因此华为与其合作极具意义。此次合作，华为的目标是从德里、孟买、班加罗尔等城市开始，在印度尽可能多的城市开展业务。

华为于 2018 年进入印度智能手机市场，并启动在线销售业务。此次与 Micromax 的合作，计划重点打造一个强大的线下分销网络，以满足该国城市和农村地区消费者的需求。

六、文化传媒行业的合作推广策略应用分析

1. 阿里影业的合作推广策略应用

中国文化传媒品牌阿里影业通过与美国胜图娱乐合作，运用合作推广策略，有效强化了阿里影业在国际娱乐市场的影响力，为进一步提升品牌在全球娱乐市场的知名度和美誉度打下良好基础。

（1）与美国胜图娱乐合拍科幻动作片《钢铁战士》。

2018 年 2 月 7 日，阿里影业宣布，与美国胜图娱乐（STX

Entertainment）达成合作，将共同开发制作一部科幻动作片——《钢铁战士》，胜图娱乐负责该影片包括北美地区在内的国际发行，阿里影业拥有该影片在大中华区的各项权益。

两家公司将最大限度地发挥其资源和技术优势，为电影赋能。胜图娱乐拥有平台内容制作能力、营销发行能力和专业知识，结合阿里影业的大数据宣传发行能力，以及阿里巴巴集团生态系统下的电商资源和消费者洞察力，共同制作面向中国及全球市场的电影。

（2）与华夏电影及美国胜图娱乐联合出品动画电影《丑娃娃》。

2019年1月17日，阿里影业宣布，与华夏电影及美国胜图娱乐（STX Entertainment）联合出品动画电影《丑娃娃（Ugly Dolls）》，并深度开发《丑娃娃》的知识产权（IP）全产业链产品。

《丑娃娃》的IP原型来源于一个全球流行玩具品牌"Ugly Dolls"，该品牌的诞生源于一个跨越文化的浪漫爱情故事。美国插画师David Horvath和韩国女友Sun Min在异地相恋时，男方在信中画下一只橘红色小怪物Wage的形象，女方则按照样子缝制娃娃寄回。David把女友制作的玩具放在玩具店里卖，竟获得消费者的疯狂追捧。他们给这个橘红色的小怪物起名为"丑娃娃"。

2. 东方梦工厂的合作推广策略应用

中国文化传媒品牌东方梦工厂通过与美国梦工厂动画公司、美国环球影业合作，运用合作推广策略，制作出了2019年以来一部登顶北美周末票房榜的中国主题影片，大大提升了品牌在北美市场的知名度和美誉度。

2019 年 9 月，中美合拍动画片《雪人奇缘》在北美上映，第一个周末就入账逾 2000 万美元，上映一个多月，北美票房收入超过 5700 万美元，全球票房超过 1.45 亿美元，成为 2019 年以来率先登顶北美周末票房榜的中国主题影片。

《雪人奇缘》由总部位于上海的东方梦工厂携手总部位于洛杉矶的美国梦工厂动画公司共同打造，讲述中国女孩小艺在自家楼顶意外发现小雪人“大毛”，并和小伙伴一起历经艰辛护送小雪人重返位于喜马拉雅山的家园的故事。影片带给观众一段从上海到喜马拉雅雪山的奇妙旅行，途中遍览千岛湖、黄山、乐山大佛等中国风景名胜。

《雪人奇缘》由美国动画艺术家吉尔·卡尔顿编剧及执导，但在确保影片中中国文化的真实性方面，东方梦工厂处于主导地位。在影片开发与制作过程中，有关创意和参与人员等所有重大决策都由东方梦工厂和美国梦工厂动画公司共同拍板。双方通过密切合作，确保了一个原汁原味的中国故事能够以中外观众都喜爱的方式呈现出来。

除了制作，影片的发行也是“中西合力”。与著名的全球发行合作伙伴美国环球影业合作，也是《雪人奇缘》在北美市场取得成功的一个重要因素。

七、其他行业的合作推广策略应用分析

1. 青岛啤酒的合作推广策略应用

中国食品饮料品牌青岛啤酒通过与斯里兰卡著名的啤酒公司狮子啤酒进行战略经销合作，运用合作推广策略，有效拓展了斯里兰卡市场，为进一步提升青岛啤酒在南亚地区的品牌

影响力打下了良好基础。

2016 年 10 月，青岛啤酒宣布，与斯里兰卡著名啤酒公司狮子啤酒（Lion Brewery）达成战略经销合作关系，携手拓展斯里兰卡市场。作为世界第五大啤酒厂商，青岛啤酒落子斯里兰卡，将进一步提升青岛啤酒在南亚地区的品牌影响力。

狮子啤酒是斯里兰卡著名的啤酒公司，当地啤酒行业的领先者，市场份额达 85%，拥有良好的市场渠道和消费者口碑。青岛啤酒通过与狮子啤酒公司的合作，将充分利用对方的销售渠道，进一步扩大青岛啤酒在南亚市场的品牌影响力，加速推进青岛啤酒的国际化战略。

2. 江南布衣的合作推广策略应用

中国服装品牌江南布衣通过与美国 Sight Classic 公司合作，运用合作推广策略，快速进入美国服装市场，为进一步提升品牌在美国市场的影响力打下了良好基础。

2016 年 1 月，中国服装品牌江南布衣（JNBY）正式进入美国市场，入驻西雅图 Pacific Place 购物中心。该店铺由美国 Sight Classic 公司代理经营，店铺带库房总面积约 200 平方米。江南布衣以 4 折的价格向 Sight Classic 供货，Sight Classic 负责店铺装修、现场导购等日常运营。

第四章　展会推广策略

一、展会推广策略概述

展会推广策略是指品牌商通过参加国际性展会（包括时装周、啤酒节、电视节等节事活动），向海内外用户展示本企业的新产品、新技术、新实力，从而吸引海外采购商了解洽谈、达成合作项目、提升企业品牌知名度的策略。同时，通过该策略的实施，还可以了解目标市场的用户需求、改进产品设计，使本企业的产品更加贴近目标市场用户的需求，为进一步在目标市场塑造强势品牌打下良好基础。

展会推广策略是自主品牌国际化策略中应用频率较高的一种策略，在本书研究选取的 225 个案例中，应用展会推广策略的案例高达 22 个，占比 9.78%。其中，41% 应用于汽车行业，27% 应用于纺织服装行业，在消费电子、食品饮料、旅游服务、玩具、文化传媒等行业的应用均不足 10%。

展会推广策略在各行业中的应用频率具体如下图所示。

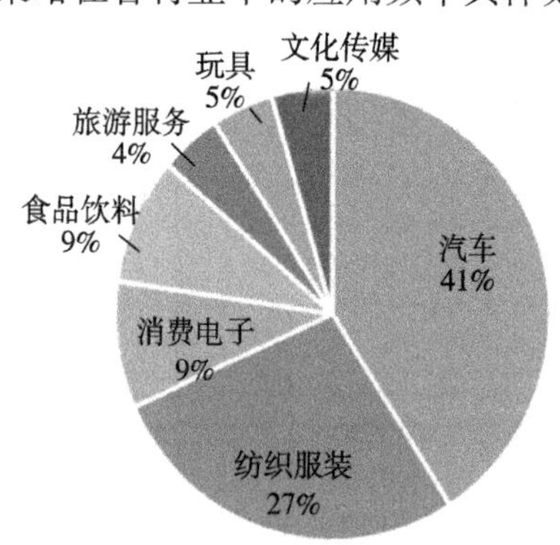

图　展会推广策略在各行业的应用频率

二、汽车行业的展会推广策略应用分析

1. 奇瑞汽车的展会推广策略应用

中国汽车品牌奇瑞通过参加波哥大国际车展、法兰克福车展等国际性展会，运用展会推广策略，有效展示了自己的新产品、新技术和新实力，为进一步提升品牌的国际影响力打下了良好基础。

（1）盛装亮相波哥大国际车展。

2016 年 11 月 9 日，第 15 届哥伦比亚波哥大国际汽车展在波哥大国际商务展览中心开幕。参展的中国汽车品牌奇瑞以 660 平方米的红白色主题盛装亮相，并携旗下 9 款 15 台展车组成超强参展阵容，呈现了一场技术、品质、品牌的视觉盛宴。

奇瑞哥伦比亚总经理 Andres Mojica 在展会现场公布了奇瑞 2017 年哥伦比亚市场新品引进计划和品牌规划，并表示依托奇瑞“战略 2.0”的技术、品质、品牌全面升级规划，承接奇瑞总部“Fun to Drive”的品牌价值，2017 年奇瑞将以更高品质的技术能力、服务能力和产品力打造品牌，从而进一步提升奇瑞在哥伦比亚市场的竞争力和品牌溢价能力。

奇瑞自 2007 年进入哥伦比亚市场，目前在哥伦比亚的市场保有量为 3 万辆，并连续 6 年位居中国乘用车对哥伦比亚出口销量领先地位。随着奇瑞“战略 2.0”的不断深化，奇瑞产品线将实现细分市场的全面覆盖，为哥伦比亚消费者提供更加优质的用车生活。

（2）亮相法兰克福车展。

2017 年 9 月 12 日，第 67 届法兰克福车展在德国法兰克福

展览中心开幕。奇瑞汽车盛装亮相展会，并在展会现场发布了全新高端产品系列“EXEED”及该系列首款车型 EXEED TX。

此次奇瑞的展出阵容除了全球首发的 EXEED TX 外，还包括演绎前瞻造车理念的“瑞虎品牌概念车”、主销车型瑞虎 7 及即将上市的瑞虎 5x。同时，奇瑞还展出了 3 款动力总成，分别是 1.6TGDI+7DCT、1.5TCI+7HDT（混合动力）和一款新能源 EV 动力系统，全方位展现了奇瑞 20 年发展积累的造车实力和未来 3.0 阶段的布局规划。

EXEED 是奇瑞依据当前消费升级趋势，瞄准国内中高端和国际主流市场，按照全球标准开发的高端产品系列。EXEED TX 是这个高端产品系列的首款车型，也是奇瑞 3.0 战略的开山之作。

奇瑞表示，按照其国际化“三步走”战略，未来的 3.0 阶段，奇瑞将深化全球市场布局，进入真正核心的海外发达市场，成为具有竞争力的全球化公司。

2. 长城汽车的展会推广策略应用

中国汽车品牌长城通过参加 2019 法兰克福国际车展，运用展会推广策略，有效提升了旗下 WEY 品牌及旗下众多零部件公司的国际知名度，为进一步提升品牌的国际影响力打下了良好基础。

2019 年 9 月 10 日，主题为“Driving Tomorrow（驱动未来）”的 2019 法兰克福国际车展盛大开幕。长城汽车携旗下 WEY 品牌，以中国豪华 SUV 领先者的身份再度惊艳亮相，凭借全新的品牌国际化战略布局、全家族新能源技术展示及全新一代造型语言的发布，发起向全球更高汽车阵营的冲锋。同时，长城旗下零部件公司——蜂巢易创、蜂巢能源、诺博汽车系统、曼德电子电器也携一系列技术创新成果，首次登陆这一全球瞩目的行业盛会，助力长城汽车向世界展示中国汽车“名片”。

6台代表着WEY品牌最高水平的整车和2项全新技术的展示，成功吸引了来自全世界的观众驻足。其中，全球首秀的WEY-S概念车，采用“先锋张力美学”的全新设计语言，通过锋利的倒角和多维的形态变化，打造年轻人喜爱的动感、时尚造型风格；欧洲首秀的WEY-X概念车，其造型设计灵感来源于飞机机翼，科技感十足的造型吸引了一众海外观众和媒体的关注目光。

在零部件展区，长城旗下四大零部件板块也联合举办了一场以“绿动·智行”为主题的媒体发布会，掀起一场基于汽车制造核心技术发展趋势的深入探讨。

汽车“新四化”[①]作为汽车产业的新浪潮，正席卷全球汽车工业的发展。在“全球化”和“新四化”两个领域都取得了突破性进展的长城汽车，正在以一个先行者的身份，带领中国品牌走向世界。

3. 吉利汽车的展会推广策略应用

中国汽车品牌吉利通过参加莫斯科国际车展，运用展会推广策略，向全球消费者展示了全新BMA模块化架构下的A级SUV车型——缤越，进一步提升了吉利品牌的国际形象和国际知名度。

2018年8月27日，两年一届的莫斯科国际车展如期举

① “新四化”指汽车的电动化、网联化、智能化、共享化。

行。在国内亮相的吉利全新BMA模块化架构下的A级SUV车型——缤越，在这一举世瞩目的国际汽车盛事上迎来了自己的全球首秀，受到国外媒体的高度关注及俄罗斯用户的一致好评和认可。作为吉利国际化战略中的一枚重要砝码，缤越此次在莫斯科车展的惊艳亮相预示着这款产品和吉利汽车朝着全面进军全球汽车市场迈出了重要一步，进一步提升了吉利汽车的国际形象和国际知名度。

缤越搭载了吉利与沃尔沃共同研发的1.5TD发动机+7DCT变速箱，0–100KM/h加速仅需7.9秒，动力十分强劲。同时，完全符合欧洲及美国等市场极其严苛的汽车排放标准。此外，缤越还搭载有可以满足2020年欧洲五星安全标准的被动安全系统。这些都为缤越进军国际市场奠定了基础。

BMA模块化架构是吉利历时4年，汇集了全球20多个国家的近百位拥有丰富经验的专家研发设计的、符合国际化技术标准的模块化架构。该架构的问世，预示着吉利汽车面向全球的产品布局迈出了重要一步。作为BMA架构上的首款SUV车型，缤越可以说是中国汽车品牌中，第一款真正意义上面向全球市场设计、研发、制造的汽车产品。

4. 比亚迪的展会推广策略应用

中国汽车品牌比亚迪通过连续5次参加世界客车博览会，运用展会推广策略，展示了其领先的技术和全新的设计理念，有效地提升了品牌的知名度和美誉度，为进一步提升品牌的国际影响力打下了良好基础。

2019年10月19日至23日，第25届世界客车博览会（Busworld Brussels 2019）在比利时首都布鲁塞尔举办。比亚迪携其超强零排放产品矩阵——融合全新设计理念的 12 米和 8.7 米纯电动大巴震撼出击，并在展会现场斩获了来自挪威的 55 台纯电动大巴订单。这是比亚迪继 2011 年、2013 年、2015 年和 2017 年后，第五次携纯电动巴士参展。

此次亮相展会的 12 米纯电动大巴搭载了比亚迪“炼狱级”的全新一代磷酸铁锂电池，延续了在纯电动客车领域创新的动力电池热管理系统，配备了 360° 全景影像系统、故障预警系统及其他辅助驾驶设备，车辆内部采用高集成度“6 合 1”控制器，还首次采用二氧化碳空调控温。多项“黑科技”加持，使之成为展会上当之无愧的焦点。

就在参会期间，比亚迪宣布斩获来自挪威国家铁路集团旗下最大巴士公司 Vy 的 55 台纯电动巴士订单。加入此订单后，比亚迪在斯堪的纳维亚半岛[①]斩获的纯电动巴士订单已经超过 200 台，已经逐步成长为北欧新能源交通行业的佼佼者。

5. 东风的展会推广策略应用

中国汽车品牌东风通过参加中国—东盟博览会越南机电展和胡志明国际汽车展，运用展会推广策略，充分展示了公司的品牌实力，赢得了当地市场和客户的关注和好评，为进一步提升品牌的国际影响力打下了良好基础。

2019 年 11 月 27 日，中国－东盟博览会越南机电展在越南胡志明市西贡国际会展中心盛大开幕，东风以集团整体形象参展，充分突显了东风品牌实力，赢得了当地市场和客户的关

① 斯堪的纳维亚半岛位于欧洲西北角，是欧洲最大的半岛，也是世界第五大半岛，南北长 1850 千米，东西宽 400~700 千米，面积约 75 万平方千米，包括挪威和瑞典两个国家。

注和好评。

东风在展会现场举行了风行 T5 新车发布仪式。风行 T5 潮流的造型、配备 12 英寸液晶大屏的精致内饰、磅礴的动力和科技领先的总成技术展示了东风品牌更加年轻、充满活力的形象。

本次展会，东风国际事业部协同组织东风柳州汽车有限公司、东风商用车有限公司和东风汽车股份有限公司参展，共展出东风风行 T5、X5、S50 等 7 款乘用车和东风天龙 VL 牵引车、天锦 KR 工程车、东风多利卡 D9 等 6 款商用车，展品涵盖轿车、SUV、MPV、电动车和重、中、轻型卡车等多种车型，能够满足客户多样化需求，助力东风品牌销量提升。参展期间，东风与 DHL 等多家大客户和合作方进行了专项业务洽谈。

2017 年 10 月，东风首次以集团整体形象参加了当年的越南胡志明国际汽车展，获得当地媒体、客户充分关注。至今，东风在胡志明市及周边已有多家 4S 店和城市展厅。河内、太原、凉山、芹苴的 4S 店也在筹建当中。

6. 长安汽车的展会推广策略应用

中国汽车品牌长安通过连续两次参加哥伦比亚（波哥大）国际汽车展，运用展会推广策略，充分展示了在当地投放的明星产品，为进一步提升品牌的国际影响力打下了良好基础。

2016 年 11 月 9 日，第 15 届哥伦比亚国际汽车展在首都波哥大正式拉开帷幕，长安汽车携在当地颇受喜爱的 CS35 及近期热销的明星产品长安之星客货系列等四款车型参展。这是长安汽车继 2014 年参加第 14 届该展会后第二次参加该展会。

哥伦比亚是加勒比海地区重要的汽车市场，年市场销售总量达 30 万台。该展会不仅为当地消费者提供了购买汽车的最佳平台，也为周边国家的汽车经销商、供应商提供了寻找商机的重要渠道。

在过去的 3 年中，长安汽车在哥伦比亚的销量实现了“三连跳”。2016 年 9 月，长安汽车成功中标哥伦比亚第三大城市卡利市的政府采购项目，400 多台长安之星 5 从 2016 年 11 月 17 日开始陆续交付使用。

7. 北汽的展会推广策略应用

中国汽车品牌北汽通过参加东盟车展，运用展会推广策略，展示了旗下首台右舵车 EV200，为进一步提升品牌的综合竞争力打下了良好基础。

2016 年 11 月 15 日，北汽携旗下首台右舵车 EV200 亮相 2016 年东盟车展，进一步吹响了北汽新能源走向国际化的号角。

此次参展的北汽新能源首台右舵车 EV200 为三厢轻秀版车型，针对马来西亚市场的本地化需求进行开发设计。新车型采用世界领先的电池正极材料，电池容量为 30.4KWH，综合情况下续航超 200 千米，经济模式下续航可达 260 千米。

此外，EV 系列车型配有 PM2.5 车内空气净化系统，5 分钟即可去除车内 PM2.5 颗粒 80%~90%，能够为驾乘者带来清新健康的呼吸感受。

8. 上汽的展会推广策略应用

中国汽车品牌上汽通过参加印度国际车展，运用展会推广策略，展示了其在电动化、网联化和智能化等方面的最新技术，以及移动出行的未来图景，为进一步提升品牌的综合竞争力打下了良好基础。

2020 年 2 月 20 日，上汽名爵印度公司在第 15 届印度国际车展上亮相，展示了公司在电动化、网联化和智能化等方面的最新技术，以及移动出行的未来图景。

上汽集中展示的 14 款车型，不仅涵盖掀背车、轿车和轻型货车等车型，更聚集了“5G 零屏幕智能座舱”荣威 Vision-i 概念车、电动智能 SUV 荣威 Marvel X 等在电动化、智能网联化方面的最新成果。其中，L3 级别自动驾驶、增强现实导航（AR Driving）、5G 互联等功能受到广泛关注。

三、纺织服装行业的展会推广策略应用分析

1. 波司登的展会推广策略应用

中国服装品牌波司登通过参加纽约时装周和加拿大国际服装展，运用展会推广策略，充分展示了先进的品牌理念和强大的品牌魅力，为进一步提升品牌的国际影响力打下了良好基础。

（1）亮相纽约时装周。

2018 年 9 月 12 日，波司登品牌正式亮相纽约时装周，在主会场“我在春天工作室的画廊”（Gallery I at Spring Studios）走秀，并请来了维密超模[①]Alessandra Ambrosio 担任本次大秀的开场模特。

波司登秀款以“牖”为系列主题，运用窗格、水墨古画等

① 维密，全称维多利亚的秘密（Victoria's Secret），是全球著名的、性感内衣品牌之一，其产品种类包括女士内衣、文胸、内裤、泳装、休闲女装、女鞋、化妆品及各种配套服装、豪华短裤、香水化妆品及相关书籍等。维密超模又称维密天使，就是与维密时装签约的超级模特。

中国元素和形式，将中国神韵融于设计之中。同时，秀款采用防水、防风等科技功能面料，以及绳、带、扣袢等攀岩元素，在展现设计美感的同时兼顾专业与功能，实现中国文化元素与现代科技的融合。

此次亮相纽约时装周，波司登通过精湛工艺与卓越品质向国际时尚界展现了其专业精神和品牌态度，向大众诠释了羽绒服专家的魅力，也吸引了全球时尚圈的半壁江山。波司登在纽约时装周上刮起的东方风潮，也随着各路时尚界人士的交口称赞，如海啸一般席卷了海外媒体。

（2）在加拿大服装国际展上大放异彩。

2018 年 9 月，2018 加拿大服装国际展吸引了众人的目光。波司登作为受邀参加展会的羽绒服品牌，亮相多伦多国际会展中心，在世界舞台上大放异彩。

面对展会现场 4000 多位国际重量级买手的鉴定，波司登气势十足，展示的产品不仅款式新颖，而且独具个性潮流，备受买手们的赞叹。

2019 年 8 月，波司登二次出征加拿大国际服装展，再一次成为现场嘉宾的关注焦点。展会现场，波司登展出了纽约时装周秀款，美国、法国、意大利三国设计师联名系列及全新推出的 2019 秋都市功能品质系列。

此次展会上，波司登还积极参与慈善捐赠环节，收获了加拿大慈善机构“品牌贡献加拿大（Brands for Canada）”提供的感谢函，传递了“温暖全世界”的品牌使命。

2. 海澜之家的展会推广策略应用

中国服装品牌海澜之家通过参加 2020 春夏伦敦时装周，

运用展会推广策略，向国际时装界充分展示了先进的品牌理念和强大的品牌魅力，为进一步提升品牌的国际影响力打下了良好基础。

2019 年 6 月 8 日，海澜之家携旗下男装品牌 AEX 亮相四大国际主流男装周之一的 2020 春夏伦敦男装周，率先在世界舞台上强势输出中国制造的强大魅力。

海澜之家旗下品牌 AEX，从具有亲肤感的 15 微米超细羊绒到蓬松度高达 800 的欧洲多瑙河畔优质鹅绒，从服装人体工学的细节处理到抑菌工艺，通过遴选全球精致面料，配合精致制作工艺，处处都释放着“中国制造”的匠心光芒。

3. 李宁的展会推广策略应用

中国服装品牌李宁通过参加 2018 纽约秋冬时装周，运用展会推广策略，向国际时装界有效传达了具有中国特色的品牌理念，为进一步提升品牌的国际影响力打下了良好基础。

2018 年 2 月 7 日，2018 纽约秋冬时装周正式拉开帷幕，中国品牌李宁亮相秀场，成为率先登上纽约时装周 T 台的中国运动品牌。

此次纽约大秀，李宁主打怀旧和中国元素，就连产品名称都全是“悟道”“珀之心”“悟空”“胭脂念”这类满怀中国特色的主题。“中国李宁”这 4 个字方方正正印在衣服上，简洁明快、铿锵有力。不少潮人认为，这种方正字体带来的端庄与严谨感，很可能引领下一阶段的复古潮流。在苏绣设计上，李宁团队选择仙鹤、飞天两个图案，在造型及针法设计上再创作，最终将两件绣有仙鹤与飞天图案的帽衫呈现在舞台上，向世界展示了中国韵味之美。

4. 三枪的展会推广策略应用

中国服装品牌三枪通过参加2020纽约春夏时装周，运用展会推广策略，向全球时尚圈展现了自己的独特魅力，为进一步提升品牌的国际影响力打下了良好基础。

2019年9月4日，拥有82年历史的中国贴身衣物著名品牌三枪，在2020纽约春夏时装周为全球消费者带来了一场关于中国品牌经典时尚创新表达的精彩呈现。

本次三枪走秀以“裁”为主题，基于来自天猫趋势中心提供的2020春夏“战术服”“露胃装”“皮肤衣”等趋势关键词，在保留三枪品牌在舒适贴肤面料上的高级质感的同时，利用现代设计手法进行分割和剪裁，并加入未来感和科技功能感，让过去的经典时尚在新世纪依然能绽放出耀眼的时尚魅力。

此次三枪品牌在纽约时装周的创新发布，源于品牌、天猫与全球三大时装周官方协会共同打造的“CHINA COOL”项目。在这个项目中，三枪携手天猫围绕Cross Forward、Design Forward、Trend Forward（跨界、设计、时尚）三大关键词，诠释了一种永远新锐、先锋，永远保持向前探索的重要品牌内核。

四、消费电子行业的展会推广策略应用分析

1. 格力的展会推广策略应用

中国消费电子品牌格力通过参加中国进出口商品交易会（广交会），运用展会推广策略，向国内外客户充分展示了自己的新产品和新技术，为进一步提升品牌的国际影响力打下了良好基础。

2018年10月15日，第124届中国进出口商品交易会开幕，

格力电器携格力、晶弘、TOSOT 三大品牌的众多新品、精品精彩亮相。“三新”科技——“新能源、新技术、新冷媒”是此次格力在广交会上的展示主题。

格力新一代节能商用空调 GMV ECO 多联机，凭借自主研发的“国际领先”变频变容技术，达到“用电省一半”的效果，解决了用户心目中商用空调排名第一的高频痛点。

除了对外展示格力自主创新的核心科技和质量过硬的商用空调外，格力外销家用空调、TOSOT 生活电器和工业制品也精品频现，集中体现了格力产品的“三新”风采。

2. 海尔的展会推广策略应用

中国消费电子品牌海尔通过参加汉诺威工业展，向全球发布了具有自主知识产权的工业互联网平台——COSMOPlat，运用展会推广策略，充分展示了自己先进的品牌理念和强大的技术实力，为进一步提升品牌的全球影响力打下了良好基础。

2017 年 4 月 24 日，2017 汉诺威工业博览会（简称“汉诺威工业展”）在德国汉诺威拉开帷幕。在 6 号馆的数字化工厂展区，海尔向全球发布了具有自主知识产权的率先由中国创新却具有全球引领意义的工业互联网平台——COSMOPlat。

这是一个面向智能制造的中国版工业互联网平台，它让用户全流程参与，从设计研发到营销，始终提供有效的高质量供给，为用户创造全生命周期的最佳体验，实现产销一体。展会上，与会专家一致认为，这一紧密连接用户与制造的模式，才是未来工业 4.0 的发展方向。

五、食品饮料行业的展会推广策略应用分析

1. 青岛啤酒的展会推广策略应用

中国食品饮料品牌青岛啤酒通过连续参加青岛国际啤酒节，运用展会推广策略，向全世界用户充分展示了自己的新产品、新技术、新理念，为进一步提升品牌的全球影响力打下了良好基础。

作为青岛国际啤酒节的东道主，青岛啤酒每年都会成为在啤酒大篷区最引人瞩目的品牌。比如，在2017年的青岛国际啤酒节上，青岛啤酒顺势推出了首款自主品牌精酿啤酒[①]“青西金啤”；在2019年青岛国际啤酒节的西海岸金沙滩会场，青岛啤酒1903大篷和奥古特大篷比肩而立，篷内面积高达5000平方米，可以同时容纳3000多名酒客尽情狂欢。

青岛啤酒家族齐聚啤酒节，为海内外的游客带来了优质品质的享受。游客在现场可以品尝到青岛啤酒厂冷链直供、酒台现打、极具青岛特色的鲜啤酒，同时还可体验到全系特色青岛啤酒——经典1903、纯生、奥古特、黑啤、白啤、皮尔森，鸿运、逸品、小白金、零度、美啤、生肖酒、青岛风光英雄酒及啤酒节的专属青啤等。

---

① 精酿啤酒（Craft Beer）是相对于大部分常见的工业啤酒而言的一种小批量酿造的个性化啤酒，按照美国酿造者协会（BA）的定义，生产精酿啤酒的厂商一般应具有三个特点：一是小型，年产量不超过600万桶；二是独立，酿造者本身要拥有、控制或等同拥有酒厂至少75%的产权；三是传统，使用传统或创新的原材料，遵循传统或创新的酿造方法来实现其独特的口味。

2. 茅台的展会推广策略应用

中国食品饮料品牌茅台通过参加巴拿马国际博览会，运用展会推广策略，获得了与会者及会议主办方的高度评价，为进一步提升品牌的国际影响力打下了坚实的基础。

1915 年 12 月，为了庆祝巴拿马运河建成通航，美国国会决定在加利福尼亚州的旧金山市举办巴拿马国际博览会。当时的贵州省政府以“茅台造酒公司”的名义，推荐了“成义”“荣和”两家作坊的茅台酒参展。

博览会开幕后，参展的茅台酒装在一种深褐色的陶罐里，陈列在农业馆，没有引起任何参观者的注意。由于茅台酒有在南洋劝业会[①]获奖的历史，中国代表团非常器重。为避免这样有竞争力的展品被埋没在农业馆，有代表提出将茅台酒移入食品加工馆陈列。不料，搬动时不慎失手，盛满茅台酒的陶罐掉到地上摔碎了。陶罐一破，顿时酒香四溢。中国代表团负责人不觉灵机一动，提议不必换馆陈列，只需取一罐茅台酒，分置于数个空酒瓶中，并敞开酒瓶口，旁边再放上几只酒杯。任由茅台酒挥洒香气，并任由专业人士尽情品尝。此举果然非常奏效，会场里的参观者们纷纷寻香而来。更有好奇者顺手拿起酒杯，争相倒酒品尝，一时间，称赞之声不绝于耳。

由于茅台酒已经通过“酒香为媒”的轰动效应成为博览会上的明星,展会主办方决定不再通过评审团对茅台酒进行评审，

---

① 南洋劝业会，是中国历史上首次以官方名义主办的国际性博览会。由时任两江总督端方于 1910 年（清宣统二年）6 月 5 日在南京举办，历时达半年，共有中外 30 多万人参观，会址南起丁家桥，北至三牌楼，东邻丰润门（今玄武门），西达将军庙口，占地 700 余亩。

而直接由高级评审委员会授予金奖荣誉勋章。自此，茅台酒便获得了“世界名酒”（World Famous Liquor）的美誉。

1916 年，美国南加州又在风景如画的海滨城市圣迭戈举办了一次“巴拿马加州万国博览会”。茅台酒再次荣获“金奖”，并与法国科涅克白兰地、英国苏格兰威士忌被公认为世界三大（蒸馏）名酒。

六、其他行业的展会推广策略应用分析

1. 锦江国际的展会推广策略应用

中国旅游服务品牌锦江国际通过连续参加一年一度的“柏林国际旅游博览会”，运用展会推广策略，向全球旅游供应商和受众全方位展示了锦江国际集团旗下丰富而优质的品牌资源，为进一步提升品牌的国际影响力打下了良好基础。

2019 年 3 月 6 日至 10 日，德国柏林国际旅游博览会（ITB Berlin）隆重举行，吸引了来自 184 个国家和地区的 1 万多家展商，以及约 18 万名观众。锦江国际携其主要品牌集体亮相展会，向观众展示了其酒店和旅游两大核心产业，以及在共享平台开发等方面的实力。

除了酒店和旅游两大核心产业，2017 年成立的全球酒店共享平台锦江 WeHotel 也作为锦江国际的一员再次亮相于 ITB Berlin。锦江 WeHotel 以遍布全球的 1.4 亿忠诚会员为基础，致力于打造以酒店为核心的旅行服务产业链和共享经济平台。

为了充分把握此次全球呈现的良好契机，与行业合作伙伴、供应商、专家代表深入交流探讨国际旅游合作，锦江国际再次赞助 ITB“中国之夜”，并出席了 ITB 期间举办的各类圆

桌会议。这是锦江国际主要品牌自 2017 年以来第三次整体亮相于这个全球性的旅游交易平台，再次体现了锦江国际成为全球知名品牌的决心。

2. 好孩子的展会推广策略应用

中国儿童用品品牌好孩子通过参加广交会，运用展会推广策略，让越来越多的国外客户了解自己、信任自己，有效地提升了品牌的国际知名度和美誉度，为进一步提升品牌的国际影响力打下了良好基础。

2000 年，好孩子第一次参加广交会，凭借独创的流线型专利造型、多功能高质量的产品，让国内外的客商认识了自己，赢得了高度好评。从此以后，好孩子每年都积极地组织参展。凭借着广交会这个平台，好孩子不断地将自己的品牌展现给世界上越来越多的客户，产品交易额也由原来的几万美元增加至一千多万美元。

好孩子凭借自己雄厚的品牌底蕴及专利技术，强大的生产技术力量，先进的营销理念，依托广交会良好的信誉，强大的宣传效果，成功地将自己的品牌推向了世界，成为全球领先的儿童用品公司，产品远销美国、俄罗斯，以及东南亚、南美、中东等 30 多个国家和地区。

3. 中南卡通的展会推广策略应用

中国文化传媒品牌中南卡通通过连续参加戛纳电视节，运用展会推广策略，充分展示了自己的新产品，不断获得新的订单，为进一步提升品牌的国际影响力打下了良好基础。

从 2005 年开始，中南卡通连续 9 年参加法国戛纳电视节，坚持不懈地在国外著名行业展会露脸，年年推出新片子、新卖点，为中南卡通带来了很多机会，赢得了人气，以至于中南卡通能够稳居中国影视动漫出口优势地位。

2010 年的戛纳电视节上，意大利一家发行公司相中了中南卡通原创和代理的《锋速战警》《小龙阿布》《魔幻仙踪》等 5 部动画片，并将这些动画片带入了欧洲主流电视台。

2012 年的戛纳电视节上，中南卡通等 8 家杭州动漫企业一口气拿下千万美元订单，拓展了合作拍片、技术交流和衍生产品授权等多个合作项目。

2013 年 4 月，中南卡通参加了第 50 届戛纳电视节，共洽谈 50 余场，达成意向 4 个，签约 2 个，涉及金额人民币 230 余万元。

第五章　活动推广策略

一、活动推广策略概述

活动推广策略是指在品牌国际化推广过程中，品牌商通过举办或参与一些与目标市场国家或地区相关的活动，扩大品牌知名度、提升品牌美誉度的策略。这些活动，包括与品牌推广直接相关的品牌推介活动、新产品上市发布活动，也包括从更高层次上传播企业品牌理念的各种国际性论坛活动、政府主导的各种国际性交流推介活动等。

活动推广策略是自主品牌国际化策略中应用频率较高的一种策略，在本书研究选取的 225 个案例中，活动推广策略的案例高达 21 个，占比 9.33%。其中，38% 应用于汽车行业，28% 应用于食品饮料行业，19% 应用于日化行业，在消费电子、网络零售、信息技术行业的应用均不足 10%。

活动推广策略在各行业中的应用频率具体如下图所示。

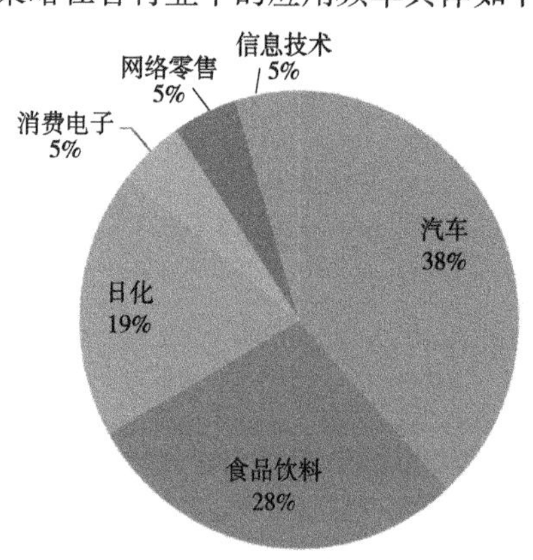

图　活动推广策略在各行业的应用频率

二、汽车行业的活动推广策略应用分析

1. 长城汽车的活动推广策略应用

中国汽车品牌长城通过举办“寻找南非最长里程长城车主”“迪拜专卖店全新哈弗 H6 上市”“穿越南非·关爱之旅”“波哥大车展上举行新闻发布会”等活动，参加智利年度最佳车型评选活动，出席圣彼得堡国际经济论坛活动，运用活动推广策略，有效地提升了旗下哈弗等旗下品牌在南非、阿联酋及哥伦比亚等目标市场国家或地区的知名度和美誉度，传播了品牌理念，为进一步提升品牌的全球影响力打下了良好基础。

（1）举办“寻找南非最长里程长城车主”活动。

2018 年 7 月，南非哈弗启动了为期两个月的“寻找南非最长里程长城车主”的活动，旨在寻找南非国内车龄最久但状态依然保持最好的长城汽车。在此期间，近百名车主向南非哈弗官网发送里程表照片及在 Facebook 上发表用车体验，给予了哈弗 SUV 积极评价。根据活动规则，南非哈弗在众多车主中精心评选出前 5 名，并于 2018 年 9 月 14 日举行了颁奖仪式。

冠军得主为 Lottering 夫妇，得奖车辆是一辆 2007 年出厂的风骏 3。该车已安全行驶了 465872 千米，车况良好。车主 Lottering 夫妇对长城汽车赞不绝口，他们表示这辆柴油风骏皮卡质量过硬，性价比极高，不仅是他们代步的工具，更是他们的生活伴侣。其他四位得奖车主的行驶里程也都在 40 万千米以上，他们也对长城汽车实用、耐用、专业的品质赞不绝口。

通过此次活动，南非市场再一次为长城品质背书，正式开启了皮卡在南非市场驰骋的第二个“彩虹十年”。

（2）在迪拜哈弗专卖店举行全新哈弗 H6 上市活动。

2018 年 9 月 6 日，全新哈弗 H6 上市活动在迪拜哈弗专卖店隆重举行，当地十余家主流媒体、政要、经销商高层、购车及意向客户等共计百余人应邀参加。

哈弗汽车自 2016 年进入阿联酋以来，以其过硬质量、优良做工和高性价比赢得市场的认可和青睐，销量逐年上升。哈弗 H6 车型自 2011 年推出以来，全球销量已突破百万。全新哈弗 H6 获得了 C-NCAP 五星评级，并通过了中国汽车研究中心严苛的翻滚试验，安全性极高。此次在阿联酋发布的全新哈弗 H6 搭载 2.0T 涡轮增压发动机，匹配 7 速湿式双离合变速器，相信一定会给当地消费者带来更佳的驾驶体验。

（3）举办"穿越南非·关爱之旅"活动。

2018 年 9 月 20 日，南非哈弗启动了一项"穿越南非·关爱之旅"活动。由风骏 5 欧洲版作为前导和后勤保障车，伴随两辆 H9，两辆 H6 coupe，一辆 H2，穿越了南非 6 个省 11 个主要城市，最终在南非南端的开普敦结束。

作为保障车，风骏 5 欧洲版皮卡承担了前方侦察并运载辎重的角色。该车配备 2.0 升柴油发动机，发动机功率 105kW，扭矩 305Nm，是当地路况下的理想工具车。在这 15 天的旅程中，该车不仅秀足了肌肉，舒适的座椅，双温区控制，方向盘音响控制和 12V 内接电源等便利性配置也让它成为理想的日常驾驶伙伴。南非哈弗全国销售经理 Tyrone 表示，南非是一个 SUV 和皮卡并重的市场，尽管这次穿越活动的主题是关爱之旅，但也是一次难得的在全国范围长途展示风骏皮卡能力的机会。

（4）在波哥大车展上举行新闻发布会。

2018年11月7日，哥伦比亚国内最重要的车展——波哥大车展在波哥大国际会展中心拉开帷幕。长城汽车哥伦比亚经销商Ambacar公司在展会现场举行了隆重的新闻发布会，当地及拉美地区不同渠道的共计37家知名媒体共同见证了此次发布会。发布会上，Ambacar总经理Mauricio Isaza介绍了哈弗品牌在产品研发和制造上比肩国际品牌的超强实力，以及在中国市场取得的卓越成就，并对全新哈弗H6科技和安全配置、强劲动力进行了详细介绍。

全新哈弗H6以全新设计、全新安全、全新动力、全新科技，完美地满足了拉美消费者的消费偏好和性能需求，得到了当地汽车媒体的认可与赞美。哥伦比亚专业权威汽车网Autosdeprimera的记者表示，全新哈弗H6值得购买，不管从安全性能还是科技配置。其他参加活动的媒体记者也纷纷对全新哈弗H6的外观和内饰给予高度的赞扬。

哈弗品牌于2018年11月作为全新品牌正式进入哥伦比亚。随着更多的全新产品投放到哥伦比亚市场，长城和哈弗的产品线将实现细分市场的全面覆盖，进一步增强长城和哈弗在国际市场上的产品力和品牌力。

（5）在智利参加年度最佳车型评选活动。

2018年11月，由智利最具权威的汽车网站MTONLINE主办的2019年最佳车型评选大赛隆重举行，同年10月底刚刚在智利上市的全新哈弗H6以8.35分的优异成绩在强劲对手中脱颖而出，强势入围年度最佳SUV车型。

评选由智利最专业的22家汽车媒体组成的评审团从汽车的安全、动力、配置和市场影响力等多个维度进行评估，并在智利最好的赛道上对各车型检验测试，最终结合车辆的驾乘体验及性能表现给出最后打分，评选出各级别冠军车型。在媒体试驾环节中，评审团无不被全新哈弗 H6 潮流时尚的外观、卓越高效的性能、丰富便利的配置所吸引，纷纷表示全新哈弗 H6 的超强性能与智利同级别的车相比已成为佼佼者。全新哈弗 H6 自 2018 年 10 月在智利上市以来，广受智利消费者的青睐，取得了不俗的销量表现。这一奖项的获得可谓对全新哈弗 H6 优越性能的又一次强有力的肯定。

（6）出席圣彼得堡国际经济论坛。

2019 年 6 月 6 日至 8 日，主题为“打造可持续发展议程”的第 23 届圣彼得堡国际经济论坛在俄罗斯圣彼得堡会议展览中心举行。长城汽车董事长魏建军受邀出席，并就长城汽车在俄罗斯发展现状、本土化计划及未来发展规划等话题与俄罗斯相关部门展开重要对话。

作为中国企业践行可持续发展的代表，长城汽车对可持续发展有着更高层次的认识。在魏建军看来，唯有全面国际化，才能助力企业更好地实现可持续发展。国际化，并非简单地“走出去”，而是要通过对外投资实现资源整合，促进外部资源和国内经济进行有机互动与结合，唯有如此，才能更好地履行其全球共建可持续发展之路的伟大梦想。

2. 东风汽车的活动推广策略应用

中国汽车品牌东风通过举办“2019 年秘鲁市场东风品牌之夜暨 AX4、AX7、SX6 新车上市”活动，运用活动推广策略，有效地展示了东风统一的品牌形象和全系列乘用车代表车型，为进一步提升东风品牌在秘鲁市场的知名度和美誉度打下了良好基础。

2019 年 11 月 8 日，2019 年秘鲁市场东风品牌之夜暨 AX4、AX7、SX6 新车上市仪式在秘鲁首都利马成功举行，重点展示了东风统一的品牌形象和全系列乘用车代表车型。以此次活动为契机，秘鲁市场东风品牌广告发布、商超展示、媒体推广、产品体验、新店开业和促销等活动将逐步展开，以实现重点市场整合品牌推广、助力东风海外区域营销。

在热情奔放的音乐声中，东风 AX4、AX7 和 SX6 新车闪亮登场，三款新车的优良品质获得在场嘉宾和媒体一致好评。活动现场，公司国际事业部发布了“品质、智慧、和悦”的东风品牌核心价值理念和统一的海外品牌标识，介绍了东风公司在秘鲁市场新品投放、品牌建设、市场营销、用户体验和服务提升等方面的计划，让当地媒体和客户更加深入地了解东风品牌、感知东风精神。

品牌之夜活动的成功举办，拉开了东风汽车在秘鲁市场新一轮整合营销传播的序幕。当地时间 2019 年 11 月 9 日，一场别开生面的新车型媒体与客户体验活动在东风即将开业的新旗舰店门前如约开启，活动为新店开业预热引流的同时，也为到场嘉宾带来了“赏车、玩车、试车”的新体验。

3. 吉利汽车的活动推广策略应用

中国汽车品牌吉利通过举办 COOLRAY（缤越）上市发布会，运用活动推广策略，有效展示了吉利的高端品牌形象，为进一步提升吉利品牌在中东市场的知名度和美誉度打下了良好基础。

2019 年 11 月 6 日，吉利汽车携手科威特豪华汽车经销商，在科威特隆重举行第三代科技创新产品 COOLRAY（缤越）上市发布会。

发布会现场，来自吉利汽车的知名设计师及全球动力专家分别对 COOLRAY（缤越）的造型设计和所搭载的 1.5TD+7DCT 动力组合做了精彩的诠释和分享，出彩的造型设计、黄金动力组合，俘获了不少现场观众的心。

科威特工商会主席、中国驻科威特大使等嘉宾出席了发布会。此外，包括报纸、杂志、电视台等在内的科威特当地 13 家核心媒体的 23 位媒体人，以及活跃在 Instagram、Snapchat 等社交平台的 12 名网络红人也来到现场，对上市活动进行现场直播，提高了活动的曝光度。

三、食品饮料行业的活动推广策略应用分析

1. 青岛啤酒的活动推广策略应用

中国食品饮料品牌青岛啤酒通过举办“全球代言人计划”和“打造极地欢聚吧，分享青啤品牌故事”两个活动，运用活动推广策略，有效提升了青岛啤酒的全球知名度和美誉度。

（1）征集全球代言人。

2017 年 6 月 6 日，青岛啤酒“全球代言人计划”正式发布，面向全球 100 个国家和地区，公开征集 100 位消费者“代言人”。“只要你分享的故事够有趣、够特别，上传的照片够出彩、够特色，就有机会成为青岛啤酒全球消费者‘代言人’。”

本次活动在各大社交网络面向全球消费者同步征集。关注青岛啤酒官方微博、微信或通过 Facebook、Twitter、Instagram 等海外社交网络平台，或将资料发送到指定邮箱，均可参与征

集活动。

主办方从所有平台的应征资料中，通过网络投票评比、专家评审的方式，按照上传“亲密照”的精彩程度、分享故事的趣味性等，从全球100个国家和地区评选出100位消费者“代言人”，不仅有精美的青岛啤酒限量版熊猫公仔相赠，有机会参加“万米高空啤酒派对”的空中啤酒节活动，还有机会飞往中国青岛，共同参与世界青岛啤酒节。

2017年8月11日，为期两个多月的“全球代言人计划”圆满落幕，在青岛举行的“全球举杯共分享——青岛啤酒远销100个国家暨‘一带一路’市场拓展发布会”上，来自全球各个国家和地区的100位青岛啤酒消费者代表佩戴上全球消费者代言人的荣誉奖牌，在现场分享了他们和青岛啤酒“不得不说的故事”，并与歌手共同演绎首次发布的青岛啤酒全球消费者之歌《One More》。

目前，青岛啤酒已远销全球100个国家和地区，并在海外树立了“高品质、高价格、高可见度”的品牌形象，越来越多消费者把青岛啤酒当成自己的最爱，“favorite”成为不同社交平台上对青岛啤酒的情感表达。

（2）打造极地欢聚吧，分享青岛啤酒品牌故事。

2017年12月，青岛啤酒在离南极最近的阿根廷乌斯怀亚港开设了一家“极地欢聚吧”。每一个准备前往南极的勇士，都可以在极地欢聚吧免费享用一瓶青岛啤酒，分享自己与青岛啤酒的故事。与此同时，青岛啤酒线上“极地欢聚吧”H5也在网络上同步上线。

通过这个活动，青岛啤酒征集到许多有趣的海外消费者与青岛啤酒的故事，并被美联社、彭博社、CNN等120个国家和地区的国际主流知名媒体纷纷报道，其中包括离开中国后不管走到哪个国家都要喝上一瓶青岛啤酒的意大利导演、祖孙三代经营中餐馆的澳大利亚消费者，以及想去南极寻找父亲的俄罗斯女孩。在每一个动人的海外故事中，青岛啤酒如同一个知心老友，陪伴他们走过无数美好岁月。

据统计，这些青岛啤酒故事被共计 286 家不同类型的海外媒体采用，引发了全球对青岛啤酒及中国品牌的热烈讨论。

2. 茅台的活动推广策略应用

中国食品饮料品牌茅台通过举办“金奖百年，香飘世界”海外庆典系列活动和“香遇金色非洲”品牌推介活动，运用活动推广策略，有效地提升了品牌在相关目标市场国家和地区的知名度和美誉度。

（1）举办“金奖百年，香飘世界”海外庆典系列活动。

2015 年 11 月 12 日，一场以“金奖百年，香飘世界”为主题的茅台酒荣获巴拿马万国博览会金奖 100 周年庆典活动，在 100 年前建成的美国旧金山市政厅隆重举行。

此次庆典活动，是继在中国香港、莫斯科、米兰等国际大都会举行“金奖百年，香飘世界”海外庆典系列活动之后的最后一站。

种种迹象表明，贵州茅台的国际化战略的快速实施，国际市场的打通，将为茅台插上腾飞的翅膀。而在包括旧金山在内的全球重要国际都市举行的金奖百年庆典活动，则为此敲响了更为响亮的钟声。

（2）举办“香遇金色非洲”品牌推介活动。

2017 年 11 月 17 日，茅台“香遇金色非洲——文化茅台走向‘一带一路’”品牌推介活动在南非开普敦国际会议中心举行。此次活动的目的，是以发达的非洲门户开普敦为跳板，正式进入不喝白酒和高度酒的非洲市场，实现中非文化与商品的“双向流动”。

在活动现场，茅台鸡尾酒品鉴区成为吸引来宾的一大亮点。一位开普敦商界人士品尝了一杯调酒师刚调出的茅台鸡尾酒后说：“这杯酒让我们看到了中国白酒的另一面，茅台让南非人感受到别样中国味道。”在调酒区，茅台被开普敦极富创意的调酒师调成了各种口感和颜色的鸡尾酒，并分别赋予了极富诗意和别具情调的名称，如“赤水情缘”“金色原野”“岁月流金”“彩虹丝路”。

从 2015 年开始，茅台每年都会到国外开展丰富多彩的品牌推介活动，目前已经走过欧洲、北美洲、非洲等，社会反响极佳。

3. 蒙牛的活动推广策略应用

中国食品饮料品牌蒙牛通过参加达沃斯论坛、“一带一路”国际合作高峰论坛等活动，运用活动推广策略，向全球同行表达了自己的品牌理念，为进一步提升品牌的知名度和美誉度打下了良好基础。

（1）牵手达沃斯论坛共建全球乳业共同体。

2019 年 1 月 22—25 日，世界经济论坛在瑞士小镇达沃斯举行，3000 多名嘉宾围绕世界经济的发展趋势、人类未来命运走向进行探讨。作为中国乳业的代表，蒙牛总裁首次来到达沃斯。他在短短 72 小时里出席了数十场交流、座谈活动，阐述了构建“全球乳业共同体”的战略构想。

蒙牛总裁提出，“全球乳业共同体”的构建，有助于乳业在第四次工业革命推动下，实现技术革命和供应链、价值链重塑，更将在地缘经济重构的剧烈变化中，推进全球乳业实现共治、共享、共赢的包容性、可持续发展。这是蒙牛为“乳业版的全球化 4.0”提供的一套中国方案。

（2）出席“一带一路”国际合作高峰论坛。

2019 年 4 月 25 日，第二届“一带一路”国际合作高峰论坛首次举办企业家大会，为各国工商界对接合作搭建平台。蒙牛总裁与中国・印尼经贸合作区有限公司董事、总经理 Lusy Setiawati Rustam 女士签署了建设印度尼西亚乳品工厂合作协议，进一步达成深度合作。

会后，蒙牛总裁与世界经济论坛创始人兼执行主席克劳斯・施瓦布先生会面，探讨了第四次工业革命之际，企业如何应对全球化 4.0 的话题。当天，还与拉丁美洲及乌拉圭著名的乳制品公司——乌拉圭国家奶农合作社集团董事及副总裁亚历山大・佩雷会面，对双方自 2018 年以来的合作给予较高评价，并向佩雷分享了中国乳品市场的前景，以及中国乳业走出去寻求共赢发展的信心。

四、日化行业的活动推广策略应用分析

1. 上海家化的活动推广策略应用

中国日化品牌上海家化通过参加中法文化交流活动——“这一刻在上海”巴黎展、接待 28 国非洲记者团的参观访问、参加“上海客厅”城市旅游推广活动，运用活动推广策略，有效提升了品牌的国际知名度，为进一步提升品牌的国际影响力

打下了良好基础。

（1）积极参加中法文化交流活动——“这一刻在上海”巴黎展。

2014年3月27日，在中法建交50周年之际，由上海市人民政府新闻办公室、上海市经济和信息化委员会主办的“It’s Shanghai Time（这一刻在上海）”生活设计展，隆重登陆巴黎，在丰特努瓦广场联合国教科文组织（UNESCO）总部举办。

上海家化携旗下两大品牌参展——现代中草药个人护理品牌佰草集优雅亮相，并作为上海市政府官方礼品赠予UNESCO高层；东情西韵的双妹品牌以富有海派情韵的设计赢得了参观者的青睐，旗下限量版丝巾也作为官方礼品，赠予UNESCO高层。

此次展览巧妙地将上海的代表性元素融入一天的时刻表，让参观者身临其境地体验到在上海生活的一天，看见当代上海朝气蓬勃的设计力量。

（2）接待28国非洲记者团的参观访问。

2018年7月17日，为响应中非合作发展战略，由中国公共外交协会组织的中国国际新闻交流中心非洲分中心记者一行来到民族日化著名企业上海家化参观访问。

记者团参观了上海家化跨越工厂制造车间及展厅，并在座谈环节听取了上海家化企业整体发展介绍，科研部及海外事业部也在现场对家化产品研发、非洲业务及拓展计划做了详细介绍。记者团对上海家化的经营发展与品牌建设印象深刻，并对家化的先进智能化制造给予了高度评价。

目前，中非经贸合作、政治交往、安全合作等均取得不少成果。尤其是在经贸领域，中国已是非洲最大贸易伙伴。上海家化作为中国改革开放的先锋及开展国际化业务的优秀中国企业代表，借此次和非洲记者团的交流机会，也充分展示了上海家化改革开放以来的经营业绩，以及国际化业务的发展成就。

（3）随“上海客厅”城市旅游推广活动亮相葡萄牙。

2019 年 6 月 24 日，由上海城市推广中心主办，中国驻葡萄牙大使馆协办的“上海客厅”活动登录葡萄牙里斯本。作为一项针对海外市场的城市旅游推广活动，“上海客厅”通过多维度的活动场景、多感官的体验设计、多样化的互动交流，为上海打造全球旅游目的地城市进行有效推广。

作为上海时尚摩登代表，上海家化旗下品牌佰草集优雅亮相“上海客厅”，在活动上展出了极具东方特色的太极系列护肤品。这些产品以中草药古方为基础，并创新性地提出分时护理理念，打造出了日夜双瓶精华，在护肤领域对传统古方与现代科技进行了完美诠释，开启了东方养肤全新风尚。

2. 植物医生的活动推广策略应用

中国日化品牌植物医生通过参加“一带一路”万里行——走进米兰世博会主题日活动，运用活动推广策略，充分展示了品牌魅力，为进一步提升品牌的国际知名度和美誉度打下了良好基础。

2015 年 10 月下旬，由植物医生（DR Plant）等多家本土企业参与的“一带一路”万里行——走进米兰世博会主题日活动完美收官。

意大利总统马塔雷拉先生在总统府接见了“一带一路”万里行中国代表团，并接受了由植物医生提供的官方礼品——植物医生化妆品。

作为此次活动的官方指定护肤品牌，植物医生积极响应国家“一带一路”倡议号召，出色地完成了国际交流任务，印证了卓越的产品品质，标志着中国民族护肤品牌向国际化迈出重要一步。

“一带一路”万里行历时73天，行程逾16000千米，是国家“一带一路”倡议下行程最长、跨度最大、涉及领域最广的一项大型丝路沿线文化交流经贸推广活动。

五、其他行业的活动推广策略应用分析

中国信息技术品牌阿里巴巴通过在全球速卖通和天猫国际两个平台上举办“双11”活动，以及参加WTO部长级会议，运用活动推广策略，有效提升了品牌知名度，传播了品牌理念，为进一步提升品牌的全球影响力打下了良好基础。

（1）举办“双11”活动引爆俄罗斯市场。

2018年11月10—12日，阿里巴巴在全球速卖通和天猫国际上举办的“双11”活动成为俄罗斯最热门的促销活动之一。两个平台为此次活动专门推出了100个俄罗斯新品牌和国际新品牌，约2000万俄罗斯公民成为此次活动的积极消费者。大约10%的俄罗斯天猫用户在打折开始前两周就将商品放入购物车，并已经使用预付货款的服务。

相关数据显示，全球速卖通在俄市场份额达到86.8%。2018年在俄罗斯的销售收入达到2120亿卢布（约合人民币225亿元）。全球速卖通网站上俄罗斯IP地址的月访问量为1.477亿次，用户数量为3690万人。

（2）通过 WTO 部长级会议大力推广 eWTP。

2017 年 12 月 14 日，在阿根廷布宜诺斯艾利斯举行的世界贸易组织第 11 次部长级会议上，阿里巴巴创始人马云作为创始合作伙伴的世界电子贸易平台（eWTP）与世界贸易组织（WTO）、世界经济论坛共同宣布了主题为“赋能电子商务”的合作机制。

在会议商业论坛上，马云以其坚定支持全球化及全球小微企业的独特魅力推动 eWTP 与 WTO 的携手。马云表示，eWTP 参与发起的对话平台，将更积极地帮助中小企业，消除贸易和信息的障碍，从而为发展中国家、中小企业和年轻人提供难得的发展机会。

在 2016 年 3 月的博鳌论坛上，马云首次面向全球提出了 eWTP 倡议；2016 年 9 月，eWTP 倡议被写进 G20 公报；2017 年 11 月，马来西亚的数字自由贸易区全面运营，成了中国以外的第一个 eWTP 数字中枢。以阿根廷部长会议的最新成果为契机，eWTP 将继续加速在全球的落地步伐。

第六章　产品创新策略

一、产品创新策略概述

产品创新策略是指根据目标市场消费者的特殊需求或潜在需求，研究开发并生产销售适合目标市场消费者需要的新产品（包括新功能、新外观、新包装、新性价比），以获取目标市场消费者的青睐，有效地提升品牌的知名度、美誉度和客户忠诚度的策略。

产品创新策略是自主品牌国际化策略中较常用的一种策略，在本书研究选取的 225 个案例中，应用产品创新策略的案例有 16 个，占比 7.11%。其中，37.5% 应用于消费电子行业，12.5% 应用于食品饮料行业，12.5% 应用于旅游服务行业，12.5% 应用于纺织服装行业，12.5% 应用于汽车行业，在信息技术、文化传媒等行业的应用均不足 10%。

产品创新策略在各行业中的应用频率具体如下图所示。

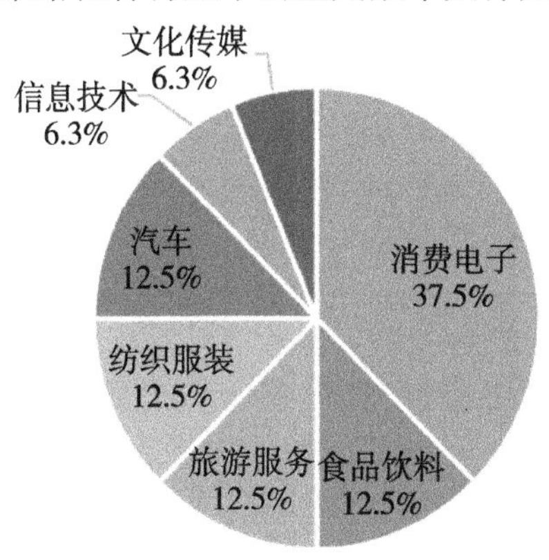

图　产品创新策略在各行业的应用频率

二、消费电子行业的产品创新策略应用分析

1.OPPO 的产品创新策略应用

中国消费电子品牌 OPPO 通过在日本及欧洲等目标市场发布新产品，运用产品创新策略，有效提升了品牌的市场占有率，为进一步提升品牌的国际影响力打下了良好基础。

（1）在日本发布新机型 R15 Pro。

2018 年 8 月 22 日，OPPO 在日本发布了新机型 R15 Pro。这是 OPPO 在 2018 年 2 月进入日本市场以来发布的第二款新手机。R15 Pro 支持日本的非接触式 IC 卡“FeliCa”，并增加了防水功能，还搭载了采用人工智能（AI）技术的摄像头，将作为无锁版手机[①]销售。

这款手机把强化自拍功能的摄像头作为卖点，搭载的人工智能可以根据被拍摄物体和环境自动调整拍摄模式，手机的“AI 美颜功能”能提高面部识别精度，根据性别和年龄等自动进行美白和放大眼睛等修正，且最多支持 4 人同屏美颜。

（2）在日本发售最高端机型 Find X。

2018 年 11 月，OPPO 在日本推出了最高端机型 Find X。

这款手机采用了双轨潜望结构，将摄像头隐藏在手机内部，当需要拍照或解锁时，摄像头会秒速探出，完成操作后会自动归位。该机采用曲面全景屏，能以简洁的屏幕实现新的视觉体验。

这款手机的前后置摄像头均采用从机体上部自动滑出的

---

① 无锁版手机是指不受运营商限制的手机，任何一家运营商的 SIM 卡都可以正常使用。

设计，这是其率先创新功能。OPPO 进行了 30 多万次耐用性试验，即使每天使用 150 次也能使用 5 年。此外，该机还具有掉落感知功能，能自动收起摄像头。

此外，Find X 的摄像头还能立体扫描面部的 296 处特征，进行最佳校正。

新上市的 Find X 是在签约的任何通信公司都能使用的“无锁版”手机，可在日本全国家电卖场买到。该手机还带有比指纹更加安全的人脸识别安全功能，还可用 35 分钟快速充满电。

（3）在欧洲发布全新 OPPO R 系列新品。

2018 年 11 月 6 日，OPPO 在意大利米兰发布了 R17（亦称 RX17）系列产品——R17 Pro，将定位“时尚设计和创新科技的结合”的全新 OPPO R 系列带入了欧洲市场。

OPPO R17 Pro 采用旗舰级的 F1.5/F2.4 灵动光圈、OIS 光学防抖、全像素对焦的大尺寸传感器，配以 AI 超清引擎实现超清夜景和像素级色彩重构，让用户可以轻松拍出好的夜景照片。OPPO R17 Pro 还有一个与众不同的特性——它不是一块而是两块电池，每块容量为 1850 毫安，总容量为 3700 毫安。OPPO 解释说，同时给两块小电池充电比给一块大电池充电快。使用 OPPO 的 SuperVOOC 技术，这款手机在 10 分钟内就能充到 40% 的电量。

OPPO RX17 系列在欧洲发布，不仅展现了 OPPO 强大的技术积淀与创新能力，也充分展现了 OPPO 对欧洲市场的信心。

2. 华为的产品创新策略应用

中国消费电子品牌华为通过在伦敦和日本发布新产品，运用产品创新策略，充分展示了华为领先的技术实力，有效地提升了品牌形象，为进一步提升品牌的国际影响力打下了良好基础。

（1）在伦敦发布新旗舰手机。

2018 年 10 月 16 日，华为在伦敦 ExCel 展览中心发布了配有新奇智能摄像头和视频功能的新旗舰智能手机——Mate 20、Mate 20 Pro、Mate20 RS 和 Mate 20 X，希望借此维持在价格敏感消费群体中的势头。

新款手机配置了一个新型的超广角镜头、一个三倍长焦镜头和一个可拍摄 2.5 厘米（1 英寸）距离物品的微距镜头。与竞争对手相比，华为手机置入的感光芯片更大，从而在弱光条件下得到更好的拍摄效果。

华为此次发布会的主题是“A Higher Intelligence”，亮点主打 AI 技术应用。Mate 20 系列产品是华为首款搭载麒麟 980 芯片的智能手机。而麒麟 980 不仅是全球率先使用 7nm 制程工艺的移动端芯片，而且是全球率先内嵌双 NPU（神经网络单元处理器）的芯片。此外，华为 Mate20 系列还融入了 3D 结构光人脸识别、屏幕指纹识别、AI 人像留色、5 倍长焦光变等。可以说是集众多黑科技于一身。发布会上，华为消费者业务 CEO 余承东甚至开玩笑地表示，华为的 Mate20 系列无线反充技术可以给苹果 iPhone X/XS 进行充电。

（2）在日本发布高端机型 Mate 20 Pro。

2018 年 11 月 30 日，华为在日本市场推出了高端机型 Mate 20 Pro。该机型背面装有 3 个莱卡摄像头，其中之一为超广角镜头。同时，还具备可 30 分钟充电至 70% 的快充功能。市场售价为 111880 日元，以无锁版的形式在大型家电卖场等渠道销售，以便日本消费者自由选择通信运营商。

华为此举意在用高端机型提升品牌形象。华为日本公司负责人表示，华为手机正日益受到日本消费者的青睐。

3. 小米的产品创新策略应用

中国消费电子品牌小米通过在韩国推出“高性价比”手机，运用产品创新策略，精准捕捉了一些年轻消费者既想拥有某些高端配置又不想承担过高的价格这个痛点，并予以完美解决，为进一步提升品牌的国际影响力打下了良好基础。

2018 年 11 月 12 日，小米的韩国总经销商 GmobiKOREA 通过韩国的三家移动运营商推出了一款名为“PocoPhone F1”的手机。该手机的出厂价格为 42.9 万韩元，价格优势依然不变，但同时却拥有高端手机水准的配置，因而被称为“高性价比”手机。该产品被视为让小米以 27% 的市场占有率在 2018 年第三季度在印度赶超三星电子（市场占有率 23%）拿下市场占有率领先位置的“一等功臣”。

PocoPhone F1 具备高端手机的配置，打开门户网站和检索附带多张图片的网页时运行无丝毫延迟，进入 YouTube 打开视频时运行速度与 Galaxy Note9 相比也并无差别，电池容量为 4000 毫安，大于 Galaxy Note9 和 V40 ThinQ（3300 毫安）。

PocoPhone F1 将主要目标客户定位于 10 多岁和 20 多岁年龄段的年轻人，尤其是追求快速和图像处理能力的年轻人。他们中的大多数人早已通过海外直购接触过中国智能手机。不过，PocoPhone F1 的相机性能依然不及高端手机。虽然搭载了前后双镜头，但像素仅为 500 万 ~1200 万。而近期上市的高端手机的相机像素平均为 800 万 ~2400 万，镜头数量平均达 4~5 个。再者，PocoPhone F1 也没有光学防抖（OIS）功能。但是，用

PocoPhone F1 拍出的照片与其他企业的高端手机相比感觉并无很大差别。此外，PocoPhone F1 也没有防水功能和近场通信（NFC）功能。

通过重点发力、果断删减，PocoPhone F1 实现了大幅度压价。Pocophone Global 首席产品经理 Jai Mani 表示，“我知道韩国消费者对 Galaxy 和 iPhone 有着较高的忠诚度，但在了解过 PocoPhone F1 的价格和功能后，其想法可能会改变。”檀国大学经营系教授郑渊丞（音）表示：中国产品的品质有了大幅改善，加之人们对超过 100 万韩元的昂贵高端手机价格开始感到负担，这使得相关需求正在扩大，其与韩国国内企业之间的胜负或将取决于服务和品质上的细微差别。

三、食品饮料行业的产品创新策略应用分析

1. 青岛啤酒的产品创新策略应用

中国食品饮料品牌青岛啤酒通过每年推出生肖版等带有典型中国传统文化元素的新包装产品，运用产品创新策略，获得了众多海内外消费者的青睐，为进一步提升品牌的国际影响力打下了良好基础。

2016 年 2 月初，恰逢中国的猴年春节，青岛啤酒面向全球市场推出了“金猴献瑞版”系列产品，迅速在国内外的社交网站刷屏，被网友戏称为“青啤‘金猴’全球闹春”。

美国纽约的消费者怀恩率先在他的 Twitter 上发布了这组产品的“谍照”，是他刚刚从超市买到的。“喝青岛啤酒，你将了解更多的中国”，他在 Twitter 上写道。这条信息一经发布，短时间内就被转发和评论，有网友跟帖道：“这只猴子，和青

岛啤酒的口感一样酷。”

与此同时，在美国纽约时代广场的大屏幕上，这只脚踩金色祥云、身穿金色铠甲、手持金箍棒，酷感十足的“金刚猴”化身中国文化载体，登上这个璀璨的世界舞台，并以一句“Tsingtao Beer Wishes the World a Happy Chinese New Year”向全球消费者恭贺新春，让中国传统文化伴随青岛啤酒品牌的魅力溢满五洲，向世界展示不一样的中国。

作为中国传统文化的符号之一，“美猴王”伴随着青岛啤酒走出国门。在美国市场，这只猴子手拿金箍棒，金光闪闪被称为“金刚猴”；在英国市场，这只猴子腾云驾雾，动感十足被称为“绅士猴”；在欧洲其他市场，这只猴子与中国京剧脸谱结合，头顶青岛啤酒 Logo 的紧箍咒，化身“国粹猴”。这是青岛啤酒为不同国家定制的春节特别款，所有设计元素都尽可能体现中国传统文化意蕴，让外国人充分了解中国的生肖和文化。

青岛啤酒能进入国外成熟的主流啤酒市场，靠的就是具有差异化的口感和中国文化的独特魅力。特别是近 20 年来，青岛啤酒推出的“生肖”产品备受欢迎。很多外国年轻人开始热衷于收藏十二生肖的青岛啤酒。为了迎合这种消费心理，青岛啤酒除每年推出“生肖版”产品外，还使用八仙过海、中国结、国宝熊猫、青花瓷等中国元素进行包装，获得了一大批美国、法国、英国、意大利等国年轻消费者的青睐和点赞。

2. 泸州老窖的产品创新策略应用

中国食品饮料品牌泸州老窖通过面向欧美市场开发全新设计的新型白酒，运用产品创新策略，在欧美市场获得强烈反响，为进一步提升品牌的国际影响力打下了良好基础。

2019 年 5 月，由泸州老窖面向欧美市场开发的海外品牌明江四川白酒荣获2019年旧金山国际烈酒比赛（SFWSC）金奖，并在德国、奥地利、瑞士、丹麦、美国等国试点销售。

为聚焦开拓外籍消费者市场，泸州老窖聘请外籍专家团队组建了明江股份有限公司，明江四川白酒正是由该公司全新设计的新型白酒，蕴藏着独特的中国味道。这个外籍专家团队在中国生活的时间加起来将近 50 年，他们每个人对中国的白酒都有着自己的见解。

旧金山国际烈酒比赛是世界上最具影响力的烈酒比赛之一。2019年，该比赛各个类别共有近3000种烈酒产品参加比赛，其奖项由 52 位烈酒领域的行业专家共同评选产生。旧金山国际烈酒比赛的创始人兼执行董事安东尼·迪亚斯·布鲁（Anthony Dias Blue）表示，白酒参赛让他们感到非常兴奋，并认为白酒在美国的前景非常光明。

这款明江四川白酒的名称和包装设计与泸州老窖的其他产品不同，但每一滴都是泸州老窖运用传统的白酒酿造和蒸馏技术生产的。也就是说，明江白酒虽是一款新产品，但并没有为了迎合西方人的口味而被降度、过滤、调味或以其他方式加工。产品的包装设计以泸州老窖 1980 年版为出发点，由英国的一家著名设计公司完成。产品配方则由纽约著名调酒师团队协助研制，在保留泸州老窖浓香型白酒该有的一切特征的同时，更适用于鸡尾酒调配。

为了在确保产品品质的同时，既不让价位成为广大消费者面临的障碍，又能符合餐饮店及酒吧调制鸡尾酒的毛利率，目前明江四川白酒 750ml 装在欧洲的零售价约为 35 欧元（不同国家售价因为税率等原因略有不同）。

四、旅游服务行业的产品创新策略应用分析

1. 南航的产品创新策略应用

中国旅游服务品牌南航通过开通新的国际航线，运用产品创新策略，弥补了市场空白，进一步扩大了品牌的国际影响力。

2018 年 10 月 28 日，南航深圳直飞迪拜、仰光两条国际航线举行首航仪式。迪拜、仰光分别是丝绸之路经济带和 21 世纪海上丝绸之路的重要节点城市，新航线的开通弥补了市场空白。

此前，南航已开通深圳—武汉—迪拜航班，此次拉直飞行，将航线改造为深圳—迪拜直达航班，将两地间的交通时间压缩到了 8 个小时以内。

据悉，深圳—迪拜首航航班销售状态良好，客座率接近满座，推出的经济舱特价产品被一抢而空。深圳—仰光首航客座率达到 94%，随后的第一周客座率超过 80%。

随着这两条国际航线的开通，南航在深圳开通的新航季国际和地区航线达到 17 条，包括悉尼、墨尔本、莫斯科、迪拜四条洲际长航线。

2. 携程的产品创新策略应用

中国旅游服务品牌携程通过在日本市场推出首张信用卡，运用产品创新策略，极大地增强了对日本游客的吸引力，为进一步提升品牌的国际影响力打下了良好基础。

2018 年 6 月 6 日，携程联合中国的银联国际和日本最大的信用卡供应商之一的三井住友，在日本市场推出首张信用

卡，大举进军日本游客市场。该信用卡在银联品牌下发售，通过 Trip.com 网站提供酒店预订和其他优惠折扣。

携程 CEO 孙洁表示，日本是亚洲第二大旅游市场，为携程提供了绝佳的发展机遇。2017 年日本出境游客人数达到 1790 万人次，同比增长 4.5%。其目标是在日本客户的心目中建立起旅行与 Trip.com 的品牌联系。

作为一站式旅游服务平台，携程最大的产品竞争力来源于全旅游产品线的覆盖。如今日本用户也可以体验到携程的一站式服务，便捷地进行旅行产品的价格比较和预订。除了传统具有价格优势的机票、酒店产品之外，携程还推出一系列极具竞争力的产品，例如中国、英国、韩国等地区的高铁票都可以实现在线购买。

五、纺织服装行业的产品创新策略应用分析

1. 亚光家纺的产品创新策略应用

中国纺织服装品牌亚光家纺通过在美国市场推出具有美容功能的毛巾，运用产品创新策略，赢得了广大美国女性消费者的青睐，快速提升了品牌的知名度、美誉度和市场占有率。

在长期的市场调研中，亚光家纺董事长敏感地觉察到，95% 的毛巾购置群体是女性。女性最在乎什么？当然是漂亮的容颜。因此，他提出了“毛巾也是化妆品”的理念。他表示，要率先提出“看皮肤选毛巾”的消费理念，给众多消费者的个性化、人性化需求提供了全面的解决方案。

譬如，他们利用独有专利技术将天然植物香料置入毛巾中，让毛巾产生持久的芬芳；将有美容养颜功效的芦荟胶置入

毛巾中，使毛巾成为护肤品，开辟了毛巾市场的蓝海。

这一系列产品创新，深受美国女性消费者的欢迎，也使得亚光家纺在美国市场上的品牌知名度和市场占有率快速提升。

2. 安踏的产品创新策略应用

中国纺织服装品牌安踏通过在美国市场推出全球限量篮球鞋——KT3-Rocco，运用产品创新策略，引发了美国消费者的排队抢购,有效地提升了品牌在美国市场的知名度和美誉度。

2018 年 3 月 5 日，安踏集团旗下第一款全球限量篮球鞋——KT3-Rocco 在美国开启了限量销售。安踏位于美国旧金山的 Nice Kicks 鞋店前的街道上排起了上千人的长队。据悉，这也是中国品牌球鞋率先在美国引发排队抢购的热潮。

这款令美国鞋迷为之疯狂的中国球鞋——Anta KT3 Rocco 限量版由安踏设计总监 Robbie Fuller 亲自操刀。他以 Anta KT3 为设计蓝本，沙色鞋身搭配白色外底的设计理念源自金州勇士队球员、安踏签约球星克莱·汤普森的爱犬 Rocco，鞋舌上更是以汤普森及牛头犬的刺绣寓意他俩的并肩作战。Robbie 表示，这款球鞋的一大亮点就是斗牛犬的形象和故事使用。随着宠物成为各国居民生活和社交网络的关注点，把宠物融入产品设计可以说是牵动消费者情感的又一个重要方式。安踏表示，“明星 + 爱犬”是个有趣的符号，是这次品牌传递出来的专业球鞋本身运动属性之外的情感，是商品的附加价值，也是真正打动人心的部分。

据介绍，Anta KT3 Rocco 是安踏国际化行动计划在美国的第一枪，用“球星 + 宠物”这样一个更符合美国市场喜好的方式，在汤普森球迷最聚集的金州勇士队大本营旧金山发售，制造话题和稀缺性，是安踏走向美国市场的一个尝试。

业内人士分析，安踏此次在美国发售限量篮球鞋，并引发排队购买热潮，不仅说明安踏已经得到美国市场欢迎，更反映了中国品牌、中国制造越来越在欧美发达国家得到认可，这是中国民族品牌国际化道路上的一个缩影。

六、汽车行业的产品创新策略应用分析

中国汽车品牌吉利通过在沙特阿拉伯和菲律宾等市场推出安全性能高、动力性能强的车型，运用产品创新策略，赢得了用户的信赖，有效地提升了品牌的知名度和美誉度，为进一步提升品牌的国际影响力打下了良好的基础。

（1）“安全吉利”征服沙特阿拉伯。

2014 年 1 月，沙特阿拉伯的一家汽车经销商在中东沙漠里测试吉利帝豪 EC7 的安全性能时，由于高速急转弯，造成车辆侧翻。可是，令人意外的是，只有一位坐在副驾驶位置上的业务代表胳膊脱臼。这一测试结果让沙特阿拉伯经销商当场拍板，经销吉利汽车。

吉利公关总监杨学良表示，像帝豪 EC7 这些车型出口到海外市场上去，甚至比一些大的跨国公司的产品安全性能指标还高，这是市场接受的一个重要因素。截至 2013 年 12 月，吉利是中国率先获得出口免检的家用轿车品牌，也为品质吉利做了一个很好的注脚。

在安全性方面，吉利自主开发的“自由舰”顺利通过了美国顶部碰撞试验，这也是国内汽车率先在国际上完成顶部碰撞

试验；自主开发的吉利熊猫轿车以 C-NCAP[①] 安全碰撞 45.3 分的成绩，被誉为国内安全为五星级的小型车；自主开发的帝豪 EC7 轿车获得 Euro-NCAP 四星安全认定，成为中国率先获得欧洲权威安全评定机构高星级评定的车型……[②]

吉利汽车的名字不断在各国媒体上出现，在很多外国人心中，“安全吉利”已然成为中国工业制造的新“名片”。

（2）吉利缤越热销海外背后的撒手锏。

2019 年 9 月 25 日，吉利缤越的海外版本——酷瑞（Coolray）在菲律宾上市，成为吉利品牌在国外投放的又一枚“重磅炸弹”。未来，缤越将陆续登陆科威特、沙特阿拉伯、卡塔尔、阿曼、黎巴嫩、哥斯达黎加、乌拉圭、俄罗斯、白罗斯等国家，成为名副其实的全球车。

---

① C-NCAP 是 China-new Car Assessment Program（中国新车评价规程）的缩写，创建于 2006 年。C-NCAP（2006/2009 年版）从正面 100% 重叠刚性壁障碰撞试验、正面 40% 重叠可变形壁障碰撞试验和可变形移动壁障侧面碰撞试验三个方面对车辆进行测试，根据综合得分对试验车辆进行星级评价，满分 51 分。共分为 6 个等级，得分低于 15 分的为 1 星级，得分不低于 50 分的为 5+ 星级；C-NCAP（2012/2015 年版）从正面 100% 重叠刚性壁障碰撞试验、正面 40% 重叠可变形壁障碰撞试验、可变形移动壁障侧面碰撞试验和低速后碰撞颈部保护试验 4 个方面对车辆进行测试，根据综合得分对试验车辆进行星级评价，满分 61 分。共分为 6 个等级，得分低于 28 分（2012 年版）或 24 分（2015 年版）的为 1 星级，得分不低于 60 分的为 5+ 星级；C-NCAP（2018 年版）从乘员保护、行人保护和主动安全三个方面对车辆进行测试，根据综合得分率对试验车辆进行星级评价。共分为 6 个等级，得分率低于 45% 的为 1 星级，得分率高于 90% 的为 5+ 星级。

② 此处关于吉利汽车性能的描述，详见《今日中国（中文版）》2014 年第 1 期刊载的李五洲的文章《吉利的海外“野心”》。

缤越热销海外的背后，是其强大的产品实力和创新能力。

从动力方面来看，缤越搭载了一台与沃尔沃联合开发的 G-Power 260T（1.5TD）高效能发动机，最大功率 177ps，峰值扭矩 255 Nm，百公里加速仅为 7.9 秒，百公里油耗仅为 6.1L。

此外，吉利引以为傲的 BMA 基础模块化架构也是缤越一大撒手锏。这是吉利整合全球化造车资源，借鉴成熟基础模块化架构的开发理念和开发流程，完全自主研发和设计，倾力打造的国际领先全新一代 A 级车架构。该架构拥有行业领先的 CAE 技术、先进的材料、先进的工艺、先进的安全技术和先进的智能系统，从诞生之初就承担了吉利全球化的使命。

七、其他行业的产品创新策略应用分析

1. 阿里巴巴的产品创新策略应用

中国信息技术品牌阿里巴巴通过在印度、印度尼西亚等新兴亚洲市场推出占用手机空间小的 UC 浏览器，运用产品创新策略，迅速超过谷歌 Chrome 浏览器的市场占有率，为进一步提升品牌的国际影响力打下了良好基础。

2004 年，阿里巴巴率先推出了以一只橘色松鼠为标识的移动端 UC 浏览器，以先发优势领先对手谷歌（2008 年推出电脑版 Chrome 浏览器，2012 年上线 Android 移动版本）。

截至目前，UC 浏览器在全球已经拥有 4.3 亿的日活[①]。根据统计网站 StatCounter 统计，在印度市场，UC 浏览器的市场占有率达到 51%，谷歌 Chrome 只有 30%；在印度尼西亚，UC 也以 41% 对 32% 在市场份额上胜过谷歌。

① 日活跃用户数量的简称。

UC 浏览器制胜的原因之一，是它的轻量尺寸（应用程序体积小），以及采用了门户网站式的处理方式来显示新闻、体育赛事比分（板球、足球等）及其他内容。对于初次上网者来说，他们倾向于用浏览器做更多的事，他们更喜欢在手机上不占太多空间的应用。UC 浏览器仅占用 31 兆字节的空间，相较之下 Chrome 占用了 125 兆字节。

阿里巴巴 UC 事业群国际业务部印度、印度尼西亚业务主管席宇（Damon Xi）表示，UC 浏览器致力于成为网络新用户的“第一个浏览互联网的窗口”，让他们在浏览网页时，使用更少的点击次数和更少流量。

2. 蓝海电视的产品创新策略应用

中国文化传媒品牌蓝海电视通过推出主打海外落地的民间英文电视频道，运用产品创新策略，赢得了海外观众的极力追捧，为进一步提升品牌的国际影响力打下了良好基础。

2010 年 5 月，蓝海电视英文频道全面开播，成为一个主打海外落地的中国民营电视频道。与官方背景的中国英文媒体有所不同，蓝海电视是民间的、全英文的、以西方表达方式介绍中国的媒体，其观众定位为西方主流社会人群，为其全面提供中国的经济、商务、科技、文化等内容。其节目在中国采编制作，在海外落地播出。这不仅大幅度降低企业的运营成本，更确保了播放内容的准确、及时。

来自爱尔兰的蓝海电视主持人 Fergus 表示，过去世界对中国的报道只有两个渠道：一是外媒；二是中国官方媒体，外媒多是负面报道，而官方媒体政治意识太强烈，新闻可信度在西方受众眼里大打折扣。西方受众渴望知道中国与中国人的想法，但关于中国的报道非常有限。蓝海电视的出现，无疑填补了这一空白。

2013 年 5 月，蓝海电视英文频道进入欧洲最大的入户卫星电视运营商英国天空广播公司（BSKYB）的播出网络，拥有 1100 万家庭用户。2013 年 8 月，蓝海电视顺利登陆全美 MHz 有线电视网，网络覆盖整个北美，南到墨西哥、古巴，北到加拿大，并在包括英国及东南亚地区等全球 22 个国家和地区落地。

第七章　赞助策略

一、赞助策略概述

赞助策略是指通过赞助消费者喜闻乐见的体育竞赛等活动，迅速扩大品牌在目标市场的知名度、美誉度和影响力，助力品牌国际化的策略。

赞助策略是自主品牌国际化策略中较常用的一种策略，在本书研究选取的 225 个案例中，应用赞助策略的案例有 14 个，占比 6.22%。其中，42.9% 应用于食品饮料行业，14.3% 应用于纺织服装行业，14.3% 应用于旅游服务行业，14.3% 应用于汽车行业，在消费电子和日化行业的应用均不足 10%。

赞助策略在各行业中的应用频率具体如下图所示。

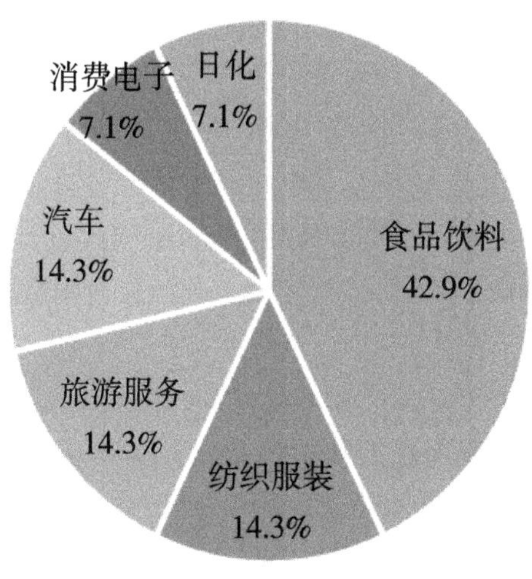

图　赞助策略各行业的应用频率

二、食品饮料行业的赞助策略应用分析

1. 青岛啤酒的赞助策略应用

中国食品饮料品牌青岛啤酒通过赞助北京奥运会、全英中餐美食大赛、北京冬奥会，运用赞助策略，有效地提升了品牌的国际知名度和美誉度，为进一步提升品牌的国际影响力打下了良好基础。

（1）赞助北京奥运会。

2005 年 8 月 11 日，青岛啤酒正式成为 2008 年北京奥运会国内啤酒赞助商，使青岛啤酒的国际化迈出了一大步。

奥运会举办期间，青岛啤酒在北京朝阳广场建立奥运体验区、邀请全球经销业绩突出的经销商赴北京观看奥运会。

奥运会过后，“世界品牌实验室”的数据显示，青岛啤酒的品牌价值由 2001 年 67.1 亿元增长至 258.27 亿元，增长幅度明显，居于中国啤酒行业首位[①]。

（2）赞助全英中餐美食大赛。

2008 年 11 月，青岛啤酒通过英国代理商 Halewood International Ltd 公司首次赞助举办全英中餐美食大赛 Legacy of Taste，极大地提升了青岛啤酒在英国的知名度。到 2012 年，大赛已经连续成功举办五届，青岛啤酒在英国市场的品牌影响力也得到了显著增强。

基于青岛啤酒在英国市场良好的销量表现，2009 年英国酒吧行业的主流杂志《The Morning Advertiser》将青岛啤酒评

---

① 此处关于青岛啤酒行业地位的描述，详见“央视网 > 经济频道 >60 年 60 品牌 > 青岛啤酒股份有限公司”。

为全年销量增长最快的啤酒品牌之一。

目前，青岛啤酒在英国市场除了覆盖近100%的中餐馆及华人超市终端外，也打入了当地Tesco、Morrison、Sainsbury's、Asda、Waitrose、Booth、Booker、Cash & Carry等主流市场。

（3）赞助北京冬奥会。

2018年12月17日，北京冬奥组委宣布，青岛啤酒成为北京2022年冬奥委会和冬残奥委会官方啤酒赞助商。至此，继北京2008年奥运会官方赞助商之后，青岛啤酒再度携手奥运，成为“双奥”啤酒赞助商。

青岛啤酒董事长黄克兴表示奥运精神的宝库是丰厚的，他的爱国信念、奋斗精神不仅激励着每一位体育工作者，也影响着各行各业。青岛啤酒是优质品质的践行者，奥运精神的弘扬者，我们将以负责任的态度，严谨周密地做好筹备工作，以更好的产品与体验服务全球消费者，用中国品牌的责任与担当，展现冬奥的精彩与荣光。

2. 蒙牛的赞助策略应用

中国食品饮料品牌蒙牛通过赞助FIFA世界杯和上合组织工商论坛，运用赞助策略，有效提升了品牌的知名度和美誉度，为进一步提升品牌的国际影响力打下了良好基础。

（1）赞助FIFA世界杯。

2017年12月20日，蒙牛正式成为2018年世界杯全球官方赞助商。蒙牛旗下4大品类产品获得了“国际足联世界杯官方饮用酸奶”“国际足联世界杯官方预制冰激凌”和“国际足联世界杯大中华区官方牛奶”“国际足联世界杯大中华区官方奶粉”的殊荣。更值得骄傲的是，蒙牛是国际足联在全球赞助商级别率先合作的乳品品牌，也是中国食品饮料行业率先成为世界杯全球赞助商的品牌。

2018 俄罗斯世界杯是 2018 年全球最具影响力的体育赛事，有 32 支著名球队参赛，梅西、罗纳尔多、内马尔等国际球星携手亮相，200 余个国家和地区、超过 30 亿观众将通过各种渠道观看比赛。成为世界杯全球官方赞助商后，蒙牛将通过这一舞台向全球消费者介绍天然、营养、美味的蒙牛产品。

在 2018 俄罗斯世界杯的全部 64 场比赛中，蒙牛都获得了 7 分钟的场边广告。通过全球媒体超过 500 亿人次的传播，平均每个球迷看到了至少 20 次的蒙牛广告。

蒙牛 CEO 卢敏放表示，成为国际足联世界杯全球赞助商，是国际足联对蒙牛品牌及产品品质的高度认可。对于蒙牛来说，这是一次走向世界的商业机遇，更是向全球展示中国乳业的重要机会。借助世界杯的澎湃能量，蒙牛的国际化引擎将继续加速，在“一带一路”沿线更多国家开展产业链布局，让全球更多消费者品尝到天然、营养、健康的蒙牛产品。

（2）赞助上合组织工商论坛。

2018 年 6 月 6 日，上海合作组织（以下简称上合组织）工商论坛在青岛开幕。蒙牛作为上合组织工商论坛的官方合作伙伴，以优质品质的特仑苏、纯甄小蛮腰、蒂兰圣雪、冠益乳等明星产品服务于中外嘉宾，在中外嘉宾面前彰显了中国乳业的高端品质。

本届上合组织工商论坛吸引了来自上合组织秘书处，以及俄罗斯、印度、哈萨克斯坦等 8 个成员国经济部门和地方政府负责人、各国实业家委员会负责人、企业代表、专家学者等

150 人出席，共同探讨如何促进上合组织成员国在经济、文化等层面的合作交流，促进区域的共同繁荣。

3. 泸州老窖的赞助策略应用

中国食品饮料品牌泸州老窖通过赞助澳大利亚网球公开赛，运用赞助策略，有效地提升了品牌的国际知名度，为进一步提升品牌的国际影响力打下了良好基础。

2018 年 10 月 9 日，泸州老窖与澳大利亚网球公开赛（以下简称澳网）签约仪式在上海隆重举行，泸州老窖由此成为澳网官方合作伙伴，国窖 1573 成为澳网指定白酒。这是澳网有史以来率先与中国白酒品牌的合作。对于泸州老窖来说，赞助深受全球欢迎的网球赛事有助于构筑国际性的品牌，具有很大的广告宣传效果。

此次泸州老窖牵手澳网，将是全方位、多维度、长时期的合作。澳网将以国窖 1573 来命名比赛日、冠名重要的比赛球场，赛场外还将设立泸州老窖的白酒吧体验馆等。

澳网是世界网坛最高端的“四大满贯”赛事之一，拥有 100 多年的悠久历史和巨大的赛事影响力，澳网转播覆盖 220 个国家和地区，毫无疑问，牵手澳网，是泸州老窖国际化战略的又一个具有历史性意义的里程碑事件。

三、纺织服装行业的赞助策略应用分析

1. 波司登的赞助策略应用

中国服装品牌波司登通过赞助 AMFAR 慈善晚宴，运用赞助策略，有效地提升了品牌的知名度和美誉度，为进一步提升品牌的国际影响力打下了良好基础。

2019 年 5 月 25 日，戛纳电影节最具影响力的时尚活动——AMFAR 慈善晚宴[①]吸引了大批国际明星和奢侈品牌争相参与。其中，中国羽绒服品牌波司登首次亮相戛纳，与国际著名奢侈品牌同台走秀，为现场嘉宾带来完美的视觉体验。

维密超模 Leomie Anderson 身穿波司登羽绒服走秀，白色的秀款搭配健康的肤色，演绎着别样的性感。

本次走秀的总负责人、法国时尚教母、前《Vogue》主编卡琳·洛菲德（Carine Roitfeld）现场对波司登秀款十分感兴趣，更因此吸引了现场一众国际名人争相试穿。

2.361° 的赞助策略应用

中国纺织服装品牌 361° 通过赞助 2016 年里约奥运会，运用赞助策略，有效地提升了品牌的知名度和美誉度，为进一步提升品牌的国际影响力打下了良好基础。

2016 年 5 月 12 日，2016 年里约奥运会及残奥会官方制服正式发布，包括技术官员、医疗人员、赛会服务人员、其他工作人员及正装几个类别的官方制服，均由 361° 独家供应。突破性地牵手国际著名综合体育赛事，使 361° 由此成为率先赞助奥运会的中国体育品牌。

---

① AMFAR 是 American Foundation for Aids Research（全美艾滋病研究基金会）的缩写，是世界上最大的艾滋病公益组织。AMFAR 慈善晚宴是世界上最高规格的慈善晚会之一，由传奇影星伊丽莎白－泰勒与 Mathilde Krim 于 1985 年创建，旨在为美国艾滋病研究基金会募集善款，提高公众对于艾滋病的防治意识。成立 30 多年来，每年接连在全球数大重要城市接连举办，每一年都会吸引全世界各大明星名媛、政商富豪，为推动全球对抗免疫力缺乏病毒（HIV）及艾滋病（AIDS）奉献爱心。

2016年8月4日上午，361° 总裁丁伍号先生，作为第83号火炬手，身穿361° 运动服装，手擎奥运火炬在里约 Barra da Tijuca 区完成了200米的奥运火炬传递。

2016年8月6日，2016年里约奥运会开幕式在巴西“天使之城”里约热内卢举行。在开幕式宣誓仪式上，田径裁判马蒂尼奥·诺布雷身穿有着明显361° 标志的官方裁判服和一条卡其色361° 长裤，在五环旗前代表全体赛事裁判庄严宣誓。连续20秒的镜头特写让361° 的品牌大大地露了一次脸。

不仅如此，在代表团入场仪式中，第一个入场的希腊代表团和第三个入场的南非代表团均穿着带有361° 标志的外套入场，让361° 的品牌宣传走在了其他品牌的前面。

四、旅游服务行业的赞助策略应用分析

中国旅游服务品牌锦江国际通过赞助上海国际旅游交易博览会（ITB China）和全球商务旅行协会（GBTA）中国区会议，运用赞助策略，有效地提升了品牌的国际知名度和美誉度，为进一步提升品牌的国际影响力打下了良好基础。

1. 赞助全球商旅协会2013年中国区会议

2013年3月13日，锦江国际宣布，将承办全球商务旅行协会（GBTA）2013年中国区会议。锦江国际下属的旗舰酒店新锦江大酒店和锦江饭店，将分别为本次会议提供超五星标准的会场及高档精美的欢迎晚宴。

锦江国际市场营销高级副总裁陈思霖女士表示，GBTA是一个非常有影响力的国际商旅组织，在全球商务旅行协会构筑的这个高端而权威的国际性平台上广泛并密切地参与合作，不

仅能促进酒店产品结构调整，更能提升锦江国际品牌的国际声誉和品牌知名度。

全球商务旅行协会（GBTA）总部位于美国，是全球著名的商务旅行和商务会议组织[①]，拥有 5000 名会员，代表着每年全球总值高达 1 万亿美元的商务旅行和会议行业。

2. 赞助上海国际旅游交易博览会

2017 年 3 月 2 日，上海国际旅游交易博览会（ITB China）主办方德国柏林国际展览有限公司和环球旅讯在上海新锦江大酒店联合召开新闻发布会，宣布 ITB China 将于 2017 年 5 月 10—12 日在上海举办，锦江国际成为第一届 ITB China 的官方酒店合作伙伴。

锦江国际副总裁向在场的全球旅游业界同行和媒体朋友介绍了锦江国际久远而深厚的历史文化、近年来如何积极探寻国际化发展，以及与 ITB 之间的紧密合作。

首届 ITB China 将以“连接和融合”为主题，迎来 180 多个国家的超过 600 名参展商和买家及 1 万多名专业观众。来自全球旅游目的地、旅游机构和组织的数千名资深旅游界和媒体界专业人士、欧盟所属的 33 个国家将联合参展。此外，欧洲旅游委员会（ETC）和欧洲旅游代理协会（ETOA）将在本届 ITB China 上启动“世界旅游桥梁”项目，届时超过 100 家欧洲旅游供应商将齐聚交易会，共同推进中国旅游市场的可持续发展。

① 关于全球商务旅行协会行业地位的描述，详见美通社《锦江国际酒店亮相全球顶尖商旅会议》，发布时间：2013 年 8 月 1 日。

五、汽车行业的赞助策略应用分析

1. 长城汽车的赞助策略应用

中国汽车品牌长城通过连续赞助达喀尔拉力赛，运用赞助策略，有效地提升了品牌的国际知名度和美誉度，为进一步提升品牌的国际影响力打下了良好基础。

2012 年 1 月 15 日，长城哈弗 SUV 腾龙车队的葡萄牙车手索萨驾驶着他的 307 号赛车获得第 7 名，创造了中国车队在国际 A 级汽车赛事中的最好成绩。

1978 年创办的达喀尔拉力赛被称为世界上最艰苦的拉力赛，也是一场勇敢者的游戏，受到全球车迷的狂热追捧。长城汽车总裁表示，长城希望用赛场严酷的环境、长距离高强度的赛道来检测、印证哈弗的高品质。

2010 年，长城哈弗 SUV 车队首次参加达喀尔拉力赛，取得了第 33 名的成绩，在全球打响了知名度。这一年，长城哈弗 SUV 在澳大利亚市场的销量遥遥领先，成为当地 SUV 知名品牌。长城汽车实现海外销量 5.5 万辆，同比增长 57.14%。

2011 年，长城哈弗 SUV 车队再次参赛，最终总成绩排名第 22 位。这一年，长城汽车海外销量 8.3 万辆，再次同比增长 50.91%。

2012 年，长城哈弗 SUV 车队一举杀入达喀尔拉力赛前 10 名，长城汽车的海外销量目标也锁定在了 10 万辆。

可以说，达喀尔拉力赛成就了长城汽车在海外的知名度，成了长城汽车拓展海外市场的名片。

2. 奇瑞汽车的赞助策略应用

中国汽车品牌奇瑞通过为中国—阿拉伯国家工商峰会（以下简称中阿工商峰会）提供接待用车，运用赞助策略，有效提升了品牌的国际知名度和美誉度，为进一步提升品牌的国际影响力打下了良好基础。

2019 年 9 月 5 日，第三届中阿工商峰会在宁夏银川开幕，奇瑞成为本届中阿工商峰会官方接待用车品牌。

作为峰会官方接待用车，全新一代瑞虎 8 凭借自身性能强劲的 1.6TGDI+7DCT 的动力总成、豪华舒适的 5+2 座超大空间布局，以及聪明智能的雄狮智云系统等优势，为与会的中外嘉宾提供了高水准的出行服务，进一步扩大了奇瑞汽车在阿拉伯国家市场乃至全球市场的知名度和品牌影响力。

此外，奇瑞汽车还在此次中阿工商峰会上向全球介绍了其国际化成果，包括在阿拉伯国家的市场业绩、全球研发布局、全球质量管理体系等，向世界展示中国汽车品牌的全球化发展进程。

六、其他行业的赞助策略应用分析

1. 海信的赞助策略应用

中国消费电子品牌海信通过赞助俄罗斯世界杯，运用赞助策略，有效地提升了品牌的国际知名度和美誉度，以及品牌的市场占有率，为进一步提升品牌的国际影响力打下了良好的基础。

2017 年 4 月 6 日，海信宣布，成为 2018 年俄罗斯世界杯官方赞助商。海信表示，除了海信的品牌 Logo 将出现在 2017

年联合会杯和2018年FIFA世界杯赛事期间的场地广告、门票、新闻背板和直播比分弹窗上外，海信2000多万互联网电视用户也将享受到更多的独家资源。

比赛期间，海信在俄罗斯世界杯的卢日尼基体育场，展示了8K HDR电视机。这款电视采用最新一代高性能画质处理芯片，对近一亿像素的画面进行实时逐点的图像增强，能够真实呈现运动员的喘息、汗水、细微的面部表情等比赛细节，让观众有身临其境之感。这款电视产品引起了日本NHK电视转播技术人员的强烈兴趣。因为，日本NHK电视台于2018年12月正式开设8K频道，2020年东京奥运会和2022年北京冬奥会，8K超清影像技术将被运用于两场盛会的直播。

世界杯期间，海信还与美国FOX体育进行了深度合作。FOX体育频道FIFA世界杯APP在海信电视上可以独家支持37个不同的观赛角度，消费者可以根据个人喜好，选择最佳观赛角度欣赏世界杯比赛。

在世界杯开赛来的一个多月内，海信以零售额占有率19.31%、零售量占有率17.07%的成绩稳稳占据优势地位。

2. 上海家化的赞助策略应用

中国日化品牌上海家化通过长期赞助上海国际马拉松赛，运用赞助策略，有效地提升了品牌的国际知名度和美誉度，为进一步提升品牌的国际影响力打下了良好基础。

2015年5月13日，上海家化正式宣布，与上海国际马拉松赛（以下简称上马）组委会签订十年战略合作协议，成为2015—2024上海国际马拉松长期赞助商。

签约完成后，从2015年11月的上海国际马拉松比赛开始，上海家化将携旗下所有品牌，共同亮相上海国际马拉松赛事，与“上马”组委会一起，为广大参跑者提供更好的赛事服务，同时也希望借机传播更多的健康及公益理念。

上海国际马拉松赛由中国田径协会和上海市体育总会主办，起始于 1996 年，已连续举行了 20 多届，比赛规模逐年扩大。2019 年，来自中国的 34 个省级行政区及中国以外遍布五大洲的 42 个国家和地区的多达 3.8 万名选手参加了比赛。

第八章　借船出海策略

一、借船出海策略概述

借船出海策略是指通过与销售网络覆盖目标市场国家或地区的跨国零售企业、海外目标市场国家或地区的本地零售企业、跨境电商企业、海外区域性电商企业合作，借助对方的销售渠道销售自己的产品，从而实现快速进入目标市场，提升在目标市场的品牌影响力的策略。

借船出海策略是自主品牌国际化策略中较常用的一种策略，在本书研究选取的 225 个案例中，应用借船出海策略的案例有 13 个，占比 5.78%。其中，38% 应用于纺织服装行业，31% 应用于日化行业，23% 应用于消费电子行业，在食品饮料行业的应用不足 10%。

借船出海策略在各行业中的应用频率具体如下图所示。

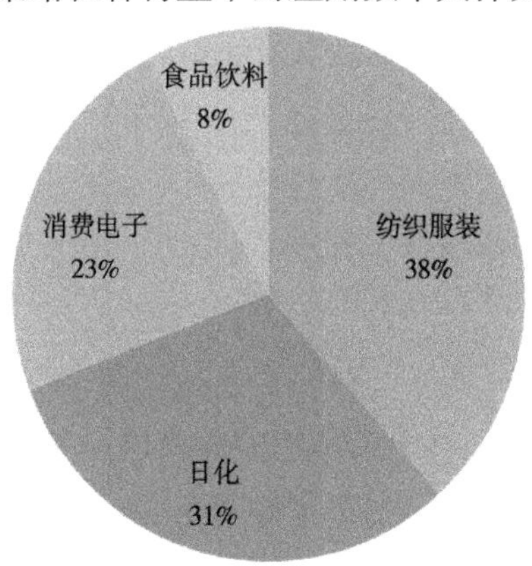

图　借船出海策略在各行业的应用频率

二、纺织服装行业的借船出海策略应用分析

1. 波司登的借船出海策略应用

中国服装品牌波司登通过入驻阿里巴巴的全球速卖通平台和参加阿里巴巴组织的“天猫出海”活动，运用借船出海策略，快速占领了俄罗斯和澳大利亚的羽绒服市场，获取了翔实的当地消费需求数据，为进一步提升品牌的国际影响力打下了良好基础。

（1）速卖通助力波司登收复俄罗斯“失地”。

早在19世纪90年代，波司登就开始开拓俄罗斯市场。但由于俄罗斯市场混乱，尤其是海关通关手续烦琐，关税混乱，波司登在打拼多年后，整体撤出了俄罗斯市场。

2016年，波司登通过入驻阿里巴巴的速卖通（AliExpress，阿里巴巴旗下跨境B2C平台），意外地“收复”了“失地”俄罗斯。如今，在速卖通上，波司登收到的订单约有60%来自俄罗斯。

波司登电商项目总监表示，速卖通对于波司登品牌最大的价值，在于数据及背后的分析。拿俄罗斯市场来说，阿里巴巴客服会根据速卖通上翔实的数据，来告诉品牌，哪些款式在俄罗斯受欢迎，哪些颜色、哪些版型在中国很火，但是俄罗斯人未必会喜欢。

（2）“天猫出海”助波司登挺进澳大利亚。

2017年7月，波司登跟随“天猫出海”登陆澳大利亚。由于南半球的季节和中国相反，波司登实现了从“爆款羽绒服卖半年”变成“爆款羽绒服卖全年”的愿望。

“天猫出海”项目于2017年6月正式启动，分成两部分实施：一是以手机淘宝为入口，服务在海外生活的近1亿华人；二是通过被收购的东南亚电商平台Lazada，服务于该地区无法使用中文的非华人群体。Lazada在各个国家的站点都设立了一个名为“Taobao Collection（淘宝精选）”的频道。中国商家无须投入更多的成本就可实现“一店卖全球”。

同时，为了解决没有外贸经验的中国商家把货卖到海外市场可能面临的各种痛点，“天猫出海”形成了一套“保姆式”服务，包括汇率换算、跨币种支付到发货转运和海外营销推广等。商家在这些方面无须做任何工作，且没有额外的运营费用。

通过“天猫出海”进入澳大利亚两个月以来，波司登的市场增长率非常明显，每个月的市场增长都在70%左右。通过平台的不断曝光，波司登在获得不断飙升的成交量的同时，在澳大利亚的品牌知名度也迅速提升。与此同时，随着收集到越来越多的数据，波司登将考虑推出适合当地的独特款式，进一步提升品牌知名度和美誉度。

2. 亚光家纺的借船出海策略应用

中国纺织服装品牌亚光家纺通过成为世界上最大的跨国零售企业沃尔玛的供应商，运用借船出海策略，使自己的产品借助沃尔玛遍布世界各地的零售网络走向了世界，为进一步提升品牌的国际影响力打下了良好的基础。

2019年2月，在沃尔玛（中国）举办的2018年峰会上，亚光家纺荣获“具责任心供应商大奖”。这是沃尔玛（中国）本年度所颁发的各类奖项中的综合性大奖，旨在表彰在销售业绩、质量控制、及时供货、跟踪服务及社会责任等方面表现优异的供应商。获得此项大奖，是沃尔玛（中国）对亚光家纺综合管理及服务水平的高度认可和肯定。

早在 2009 年 10 月，沃尔玛高级代表 Mr. Bill Cummings 就曾专程来到位于山东省滨州市的亚光家纺有限公司，为亚光家纺颁发 2008 年全球沃尔玛最优秀供应商奖，这是亚光家纺继 2007 年获此殊荣后第二次获得该奖项。

沃尔玛是世界上规模最大的跨国零售企业，拥有分布在全球 27 个国家 58 个品牌下的 11300 多家分店及电子商务网站。成为沃尔玛的供应商，就意味着可以通过沃尔玛的零售网络进入世界市场。

3. 李宁的借船出海策略应用

中国服装品牌李宁通过入驻阿里巴巴旗下的跨境电商平台速卖通，运用借船出海策略，快速进入了俄罗斯、以色列、乌克兰、西班牙、美国和智利等市场，并获取了这些目标市场的很多消费者数据，为进一步扩大品牌的国际影响力打下了良好基础。

2016 年 10 月，李宁正式开通速卖通官方旗舰店。2017 年 3 月，店铺正式开始运营。此后的 4 个月里，李宁在速卖通上每个月的销售额都在 10 万美元左右。其中，俄罗斯市场对销售额的贡献最大，高达 40%，其次是以色列、乌克兰、西班牙、美国和智利。

尽管速卖通对李宁国际销售额的贡献依然很小，但速卖通对李宁国际化的“赋能”价值却不可小视。通过速卖通很快就能知道哪些国家有哪些用户想买哪类李宁产品。甚至在一些过去李宁根本进不去的国家市场，速卖通却能卖出量来。比如，目前李宁在速卖通上，2% 的销售额来自李宁从未涉足过的智利市场。

借助速卖通的资源，李宁得以进入智利邮政 200 多个重点网点开设商品展示区。这些网点都是人流量巨大的邮政网点，只要智利用户在这些邮局看到李宁的商品，就可以在邮局直接登录电脑或在手机上下载速卖通 APP 进行网购。

随着与速卖通合作的加深，李宁积累了很多智利市场的消费者数据，这些数据将有利于李宁提前知道海外市场需要什么样的产品和款式，进而对高频需求的产品提前备货，把商品先行运到智利。

在品牌推广方面，速卖通利用网上直播的方式为李宁提供了很大的帮助。他们在一些国家邀请一些当地网络红人或体育明星来做直播，如果直播中用户互动很多，速卖通则建议李宁在这个国家做一些产品投放测试。速卖通曾帮李宁在乌克兰某电视台找了个网络红人做直播，结果乌克兰市场很快成为李宁速卖通官方店的第三大销售市场。在耐克和阿迪达斯占主导的美国市场，速卖通邀请美国 NBA 球星韦德做了两次直播，随后便收获了大量美国订单。

4. 安踏的借船出海策略应用

中国纺织服装品牌安踏借助美国的两大渠道平台 DA 和 CHAMPS sports，运用借船出海策略，进入美国市场，为进一步提升品牌的国际影响力打下了良好基础。

2015 年 12 月 20 日，安踏为 NBA 球星克莱·汤普森打造的正代签名战靴——KT1 正式在美国发售。

安踏与美国两大渠道平台 DA 和 CHAMPS sports 合作，在美国市场线上线下同时销售 KT1 产品。其中，CHAMPS sports 是全球著名专业体育运动用品网络零售商 Foot Locker 旗下开设的网店，同时拥有超过 550 家实体店。

三、日化行业的借船出海策略应用分析

1. 佰草集的借船出海策略应用

中国日化品牌佰草集（上海家化旗下品牌）借助全球著名的化妆品零售商丝芙兰和德国著名的化妆品零售商道格拉斯的销售网络，运用借船出海策略，进入法国、德国乃至整个欧洲的化妆品市场，为进一步扩大品牌的国际影响力打下了良好基础。

（1）借道丝芙兰进入法国市场。

2008 年 7 月 17 日，上海家化宣布，2008 年 8 月 1 日起旗下佰草集品牌将在丝芙兰法国网上商店销售，同年 9 月 1 日起在巴黎香榭丽舍大街的丝芙兰化妆品专卖店开设第一个化妆品柜台。通过与全球著名化妆品零售商丝芙兰合作，并经过严苛的欧盟化妆品标准认证，佰草集终圆巴黎梦。

同日，丝芙兰在巴黎召开例行新闻发布会，法国全境 200 多名记者出席。丝芙兰在发布会上向法国媒体宣布了佰草集的上市日程。丝芙兰集团负责人表示，佰草集与丝芙兰在法国销售的所有化妆品品牌都不一样，而且其天然、绿色的概念很符合欧洲市场的消费理念，将是丝芙兰全新的销售增长点。

（2）借道道格拉斯进入德国市场。

2013 年 6 月，佰草集进驻德国著名化妆品零售渠道道格拉斯。上海家化方面表示，佰草集通过了严苛的品质标准，克服了当地对中国制造接受度较低的障碍，以中国品牌输出的方

式进入德国道格拉斯渠道，目前已经进入了道格拉斯的25家门店。佰草集的中草药护肤的品牌理念已经获得了包括道格拉斯门店经理、美容顾问和当地消费者的高度认可。

上海家化相关负责人表示，道格拉斯是世界上对于品牌要求最严格的美容产品零售渠道之一。每年想进入道格拉斯渠道的品牌无数，真正能获得入场券的品牌极少。佰草集是发展中国家率先进入道格拉斯渠道的品牌。

2. 金王的借船出海策略应用

中国日化品牌金王借助英国连锁零售企业JS和跨国连锁零售企业沃尔玛、麦德龙、家乐福等销售渠道，运用借船出海策略，成功走向世界市场，为进一步提升品牌的国际影响力打下了良好基础。

（1）通过沃尔玛等跨国商业集团走向世界。

1997年，金王试图与美国沃尔玛集团接触，通过沃尔玛遍布世界各国的连锁店走向世界市场，但这个世界著名的跨国企业根本没有理会金王的洽谈意向。

金王集团总裁没有放弃，他专程飞到美国，在洛杉矶紧靠沃尔玛商场最繁华的商业街租下了一角柜台，开设了一个金王（Kingking）品牌蜡烛、玻璃、时尚礼品的专柜，并在当地知名的报纸上打出广告，承诺顾客可以登记购买，如果货晚到一天，赔偿5美元。几天后，登记的顾客在金王专柜前排起了长龙，一直延伸至大街上。此事引起洛杉矶新闻媒体的极大兴趣，金王品牌一夜间红遍洛杉矶。

第二天，沃尔玛的一个雇员也跑来看热闹。陈索斌在与他闲谈中传递了一个“信息”——金王一直对自己的产品质量有高度信心，并以诚实从商来做事。陈索斌还“透露”了金王内部的一个秘密：金王把产品销售分成三类，第一类为当月投放市场的新产品，毛利润确定在70%~100%；第二类为投放市场超过半年的产品，毛利润比第一类下调60%~80%；第三类为投放市场一年以上的产品，毛利润不超过5%。这个分类法则，一是细分了市场，使金王明确了对不同产品的市场定位；二是促进了金王产品不断推陈出新。

回到沃尔玛，那位雇员对这家名叫金王的中国企业大加赞赏。终于，1998年，沃尔玛通过对金王（Kingking）的严格验厂，向金王开放了其在全球的连锁店。1999年，金王和沃尔玛的交易金额为300万美元，此后每年以100%的速度递增，到2005年，两家的订单金额已经达到了3000万美元。

随后，金王产品又挺进德国麦德龙、法国家乐福等世界500强商业集团，与世界500强前17家企业建立了长期稳定的合作关系。

（2）借道森宝利走进英国。

2015年5月21日，英国连锁零售企业森宝利（Sainsbury's）供应商年度庆典在中国香港举行，金王从100多个供应商中脱颖而出，荣获最佳供应商奖——Supply Chain Most Improved Award。这是金王跟森宝利合作以来得到的最高奖项。这个奖项的获得，既是对金王产品的肯定，也是对金王设计、研发、业务人员辛勤工作的认可。

森宝利是英国第二大连锁超市，由John James Sainsbury和其妻子Mary Ann Sainsbury在1869创立于英国伦敦。一直以来，森宝利的商品都以质量高、品种全而享誉英国。自2009年成为森宝利的供应商以来，金王对森宝利的供货量以年均接近5倍的速度攀升，为金王在英国的品牌传播和市场占有率提升做出了贡献。

四、消费电子行业的借船出海策略应用分析

1. 小米的借船出海策略应用

中国消费电子品牌小米通过入驻俄罗斯电商平台 Pandao 和拉美电商平台 Linio，运用借船出海策略，在俄罗斯和拉美市场取得良好销售业绩，为进一步提升品牌的国际影响力打下了良好基础。

（1）在俄罗斯电商平台 Pandao 上热销。

2018 年 12 月，俄罗斯中国商品网购平台 Pandao 年度热销榜公布，小米产品居 2018 年热销榜单首位。这些小米产品包括小米智能手机、小米 Mi Band 3 运动手环、小米 Mi Robot 扫地机器人和小米电视 4A。

（2）入驻拉美电商平台 Linio。

2019 年 3 月，小米在拉美电商平台 Linio 上开设了官方旗舰店。Linio 在墨西哥乃至整个拉美电商市场都非常受欢迎，其在 2018 年 8 月 1 日正式被拉美最大零售商 Falabella 收购。

这家小米官方旗舰店提供了许多打折商品，包括智能手机、可穿戴设备、电动自行车、摩托车及一系列智能家居产品，深受拉美消费者欢迎。

2.OPPO 的借船出海策略应用

中国消费电子品牌 OPPO 借助 Lazada 等电商平台，运用借船出海策略，在东南亚市场上取得了不俗的销售业绩，为进一步提升品牌在东南亚市场的影响力打下了良好基础。

2018 年 11 月，OPPO 旗下针对东南亚市场年轻用户打造的子品牌 Realme，在“双 11”狂欢购物节中取得了不俗的销售业绩。根据东南亚最大电商平台 Lazada 发布的“双 11”销售情况，Realme 成为该平台在整个东南亚的手机品类销量冠军。

在印度尼西亚，借助 Lazada 的“双 11”活动，Realme 仅用 21 分钟就达到了 4 万台的销售量，一举获得了当日手机类总销售额、单品销量和最快销售增长的三料冠军。而在另一个东南亚手机消费大国——泰国，Realme 在 Lazada 平台上成为当日的智能手机类销售冠军。在“双 11”的购物浪潮下，Realme 在东南亚其他国家的销售成绩同样不俗。在马来西亚的网购平台 Shopee 上，Realme 创造了该网站单日销售的新纪录。而在越南，“双 11”购物节当天 Realme 的产品全部售罄，成为成长最快的新品牌。

Realme 成立于 2018 年 5 月，目前，Realme 已经进入印度、印度尼西亚、越南、马来西亚、泰国等东南亚国家市场。

五、食品饮料行业的借船出海策略应用分析

中国食品饮料品牌茅台借助法国卡慕公司的销售渠道，运用借船出海策略，走向全球高端市场，为进一步提升品牌的国际影响力打下了良好基础。

法国卡慕公司是全球知名的免税店渠道经营商，其网络覆盖全球重要机场。2005 年，茅台与卡慕公司正式签署了合作协议。如今，通过卡慕公司强大的销售网络，茅台已成功占领 30 多个国家、60 多个国际机场的 300 多个免税店，成为全球国际免税店阵营的重要商品。

2015 年，茅台携手卡慕十周年，一款特别设计的茅台纪

念酒问世。此酒在保留茅台酒外形基本元素的同时，大胆引入前沿设计理念，以法国巴卡拉红水晶为瓶身，配以法国名锡安如锡为饰，令当地人耳目一新。这批限量发行、不进入市场的纪念酒甫一问世，即广受欢迎。卡慕纪念酒的获赠者，多是为中法经济、文化交往做出重要贡献的主流人士。

水晶瓶茅台纪念酒的策划，使得茅台酒在法国成为公众话题，而围绕纪念酒的推出，卡慕公司分别在巴黎、北京、新加坡和戛纳举行的庆典活动更是吸引了各地主流社区人群及重要媒体的广泛关注。来自卡慕公司的数据表明，由于纪念酒营销活动的推出，茅台酒在其全球渠道的销量明显上升，新品订货激增。

第九章　商标国际注册策略

一、商标国际注册策略概述

商标国际注册策略是指品牌商在开拓某个目标市场之前，在目标市场国家或地区注册商标，铺平品牌推广道路，建立品牌保护壁垒，以避免恶意竞争者的品牌侵权，为品牌推广保驾护航的策略。

商标国际注册策略是自主品牌国际化的策略之一。在本书研究选取的 225 个案例中，应用海外媒体传播策略的案例有 7 个，占比 3.11%。其中，43% 应用于食品饮料行业，43% 应用于消费电子行业，14% 应用于餐饮服务行业。

商标国际注册策略在各行业中的应用频率具体如下图所示。

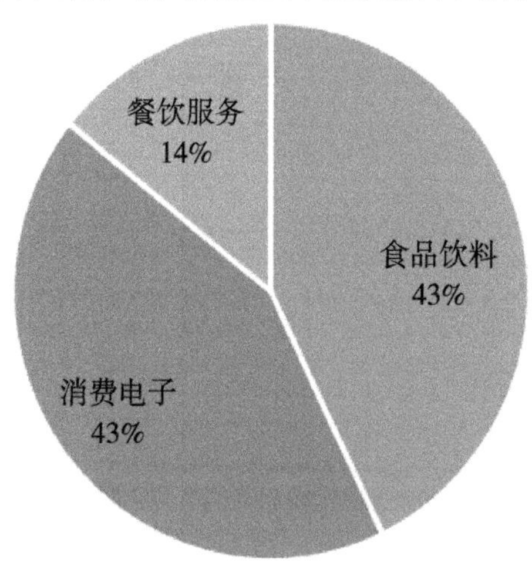

图　商标国际注册策略在各行业的应用频率

二、食品饮料行业的商标国际注册策略应用分析

1. 王致和的商标国际注册策略应用[①]

中国食品饮料品牌王致和由于没有及时运用商标国际注册策略在德国注册商标，导致商标被其他企业恶意抢注，进而导致王致和无法顺利开拓德国市场，值得后来者借鉴。

2006 年 7 月，由于拓展德国市场的需要，北京王致和食品有限公司去德国注册其商标，却意外被告知，这个商标和标识已经被一家名为欧凯（OKAI）的公司于 2005 年 11 月 21 日提出注册申请，并于 2006 年 3 月 24 日起开始公示。

听到这个消息后，公司总经理王家槐马上委托北京鼎鑫鸿业商标代理事务所总经理王洪青及德国知识产权律师事务所的律师“追回”商标。

一个星期之后，王洪青却接到了负责王致和产品出口货运的中咨货运公司的总经理马建的电话。马建表示，OKAI 公司让其转达一些态度，即认为王致和公司不一定能打赢这场官司，如果要追回王致和的商标，必须付出一定的代价。马建还透露，OKAI 公司以前曾希望成为王致和的德国总代理，但没有谈妥。王洪青通过各方资料了解到，OKAI 公司在德国专门销售来自中国的食品，包括王致和豆腐乳。

对于 OKAI 公司提出的无理要求，王家槐的回复非常明确，绝对不可能和其合作，它不具备合作的基础。王洪青表示，目前中国和德国加入了同样的国际知识产权保护组织，在中国享

① 资料来源：中国广播网财经频道《商标在德被抢注 王致和将通过诉讼夺回商标权》（2006 年 9 月 20 日）。

有著作权的，在德国也同样享有，因此王致和公司胜诉的可能性非常大。

2007 年年初，王致和向德国慕尼黑地方法院提起诉讼，要求判定 OKAI 公司无偿归还商标并予以赔偿。2007 年 11 月 14 日，慕尼黑地方法院对此案做出了一审判决，裁定 OKAI 公司败诉,禁止其在德国擅自使用王致和商标。OKAI 公司不服，随即提出上诉。

2009 年 4 月 23 日，慕尼黑高等法院对王致和诉 OKAI 公司商标侵权及不正当竞争一案做出终审判决：OKAI 公司不得擅自使用王致和商标，否则将对其处以 25 万欧元的罚款或对主要负责人处以 6 个月监禁；OKAI 公司应注销其抢注的“王致和”商标。至此，备受关注的王致和诉德国 OKAI 公司恶意抢注商标案，经过两年零三个月的讼争，最终以“王致和”商标物归原主而画上了圆满句号。

2. 五粮液的商标国际注册策略应用①

中国食品饮料品牌五粮液因为没有及时运用商标国际注册策略在韩国注册商标，导致差点被一名韩国人在韩国将五粮液的汉语拼音“WULIANGYE”注册成商标，险些酿成在品牌推广中被恶意扰乱的悲剧，值得后来者借鉴。

2001 年 12 月 31 日，一名韩国人在韩国申请将五粮液的汉语拼音“WULIANGYE”注册成商标。在国外，品牌读音被抢注，是抢注行为中最关键的步骤。

① 资料来源：中国广播网财经频道《在韩国遭遇恶意抢注 五粮液夺回商标权》（2004 年 4 月 8 日）。

2003年1月23日，韩国官方发布相关公告。同年2月14日，五粮液方面发现抢注行为，当时距离异议时限只剩下8天。同年2月19日，五粮液向韩国官方提交了异议书，并出具了五粮液不仅是中国驰名商标也是国际驰名商标且使用在先的证据。然而，韩国的注册方在答辩中认为，该商标在韩国不是驰名商标，因此不是恶意注册，不存在误导消费者的问题。但最终，韩国知识产权局裁定驳回韩国注册人的注册申请。

3. 镇江香醋的商标国际注册策略应用①

中国食品饮料品牌镇江香醋由于没有及时运用商标国际注册策略在韩国注册商标，导致商标差点被韩国人抢注，也差点给镇江香醋的对韩出口造成不利影响，值得后来者借鉴。

2010年6月3日，镇江市醋业协会偶然得知，一名韩国人向韩国知识产权局提交了“镇江香醋”中文、韩文商标注册申请。韩国知识产权局已经受理了注册申请并公告，公示日期是2010年4月23日，公示截至日期是2010年6月23日。

距离公示截止日期只有20天的时间了。如果对方商标注册成功的话，镇江香醋将无法出口韩国地区，后果不堪设想。

国家工商总局对此案高度重视，与江苏省工商局、镇江市工商局联手，在短时间内准备好大量的材料，对韩国人的申请提出异议，并证明“镇江香醋”的真正商标所有权属于镇江市醋业协会。2010年6月24日，国家工商总局国际合作司司长专门致函韩国知识产权局局长，希望对方根据2009年中韩签

① 资料来源：中国青年网《境外遭遇恶意抢注“镇江香醋”在韩国打赢官司》(2011年1月7日)。

订的战略合作谅解备忘录，驳回注册申请，维护“镇江香醋”的合法权益。

2010 年 11 月 15 日，韩国知识产权局最终驳回了韩国公民的商标申请，支持镇江市醋业协会的异议请求。镇江市醋业协会也吸取教训，紧锣密鼓地完成了“镇江香醋”在韩国的注册工作。

三、消费电子行业的商标国际注册策略应用分析

1.OPPO 的商标国际注册策略应用[①]

中国消费电子品牌 OPPO 通过向英国知识产权办公室和欧盟知识产权办公室提交商标注册申请，运用商标国际注册策略，有效地避免了商标被抢注的风险，为顺利进入英国乃至欧盟市场铺平了道路，为进一步扩大品牌的国际影响力打下了良好基础。

2018 年 7 月，中国手机品牌 OPPO 先是向英国知识产权办公室提交了一份商标注册申请，接着又向欧盟知识产权办公室提交了多达 40 款机型的商标注册申请。

申请注册的商标中，不少商标是为了避免被抢注而提前申请。按照 OPPO 的市场发展规划，他们准备先将“销售较火”的 A 和 R 系列机型，放到欧洲市场上攻城略地，未来再推出主打拍照功能的 F 系列手机，或欧洲特别版机型。

OPPO 在欧洲申请注册的 40 个新智能手机型号包括 A 系列 6 款、AX 系列 8 款、FX 系列 6 款、R 系列 6 款、RX 系列 8 款、UX 系列 6 款。其中，A 系列定位低端、R 系列定位中端、

① 资料来源：参考消息网《OPPO 递交 40 款机型商标申请 欲进军欧洲市场》（2018 年 7 月 19 日）。

F 系列定位旗舰、U 系列定位女性。

2. 小米的商标国际注册策略应用①

中国消费电子品牌小米运用商标国际注册策略在欧盟申请注册 Mi Pad 商标的时候，因与苹果 iPad 商标过于相似而遭到苹果公司的起诉，为品牌的推广带来了很大的麻烦，值得后来者借鉴。

2017 年 12 月，欧盟第二高级法院就苹果诉小米申请注册的 Mi Pad 商标与其 iPad 商标过于相似的案件做出判决。法院认为，消费者分不清小米 Mi Pad 与苹果 iPad 之间的区别，所以裁定 Mi Pad 不能被注册为商标在欧洲使用。

法院称："尽管 Mi Pad 比 iPad 多出一个字母 m，但这样的差别并不足以抵消两者在视觉和发音上的高度相似性。"此外，"说英语的消费者还可能会将'Mi'认为是'我的'，这与 iPad 中的'i'的意思较为接近。"

小米是苹果的竞争对手之一，两家公司在智能手机、平板电脑和笔记本电脑领域有着相当激烈的竞争。小米于 2014 年推出首部平板电脑，其屏幕尺寸等都和同期苹果平板电脑 iPad Mini 相似。同年，小米向欧盟知识产权局申请"Mi Pad"商标，但随后苹果提出"异议"，并向欧盟知识产权局提出申诉。

3. 海信的商标国际注册策略应用②

中国消费电子品牌海信由于没有及时运用商标国际注册

① 资料来源：参考消息网《小米在欧洲注册 Mi Pad 商标被拒 因与 iPad 过于相似》（2017 年 12 月 7 日）。

② 资料来源：新浪财经《海信与西门子商标之争》专题系列报道。

策略在包括德国在内的欧共体国家注册商标，导致“HiSense”商标被抢注，市场开拓受阻。虽说几经周折获得了“HiSense”商标在德国和欧共体国家的所有权，但付出的时间和精力成本及丢失的市场收益成本不容小觑，值得后来者借鉴。

1999 年，当海信集团计划进入西欧市场，并着手注册商标时，遇到了障碍——德国 BSH[①] 已经先于海信集团于 1999 年 1 月 11 日在德国申请注册了“HiSense”商标，随后又于 1999 年 7 月 6 日申请了马德里国际商标注册和欧共体商标注册，并且要求了优先权（1999 年 1 月 11 日），致使海信集团在欧盟地区的商标注册一路受阻。

2002 年年底，海信集团主动致函与 BSH 联系注册商标的转移受让事宜。BSH 于 2003 年 3 月 28 日做出答复，同意将其注册在“蓝色电器[②]”的“HiSense”商标权转让给海信集团。海信集团考虑到“HiSense”商标创设的实际情况及其对同企业名称，以及其他产品无法分离的内在关联（因为“HiSense”商标自创设以来，一直被用作厂商名称和商标名称），又于 2003 年 4 月 14 日致函对方希望能够将注册在第 9、11 类的商标权一并转让给海信。2003 年 7 月 18 日，BSH 公司致函海信，同意将注册在第 9、11 类的商标权一并转让，但并未提及转让价格。

---

① BSH 是德国博世和西门子家用电器集团的英文缩写，中文简称博西家电。该公司由博世和西门子这两家声誉卓越、成就非凡的公司于 1967 年联合组建而成，双方各拥有 50% 的股份，总部位于德国慕尼黑市。

② 蓝色家电是指融合了 IT 技术的新型家用电器，包括的范围相当大，只要是能够接入因特网的家电，都可以被称为蓝色家电，如机顶盒、网络电视、网络电话、网络电冰箱、网络洗衣机等。

2003年9月10日，BSH给海信的来函中透露了商标转让价格，要价上千万欧元。考虑到对方的实际注册投入，海信集团回复对方愿意出5万欧元作为其注册的补偿，5万欧元的计算是基于两倍的商标注册官方收费及律师费等基本费用。遗憾的是，对方根本不接受海信的报价，并于2004年2月19日的来函中将转让价格明确为4000万欧元。

至此，海信集团发现，BSH根本没有诚意友好协商解决"HiSense"商标争端，而是以抢注海信集团驰名商标来赚取高额经济利益，或是阻止海信集团在德国、欧盟及其他相关国家的经营活动，因为海信集团的有些产品对BSH来说已经具备一定的竞争力。

2004年10月20日，BSH的代表，江苏博西家用电器销售有限公司副总裁Weber Bernhard前往青岛，与海信进行最新一轮会晤、洽谈。最后表示：鉴于海信多次在德国参加科隆电子展、柏林家电展中使用"HiSense"商标，BSH已在德国起诉海信侵权。

海信只能应诉，在德国科隆法院规定的期限内积极做出针对诉讼进行辩护的答复。2004年12月3日，海信向德国官方提交了撤销BSH"HiSense"商标的申请。与此同时，海信开始向国家商务部求助。

2004年11月25日，商务部主持了一场会谈，海信和另一家在欧洲被抢注商标的企业——东林电子的代表一道和欧盟驻华机构代表、经济商务处一等秘书李赛优（Sergio Balibrea）正式面谈。欧盟参会人员承诺将把相关情况向德国专利商标局及欧盟有关专业机构反馈，并把进一步的信息反馈给商务部。

与此同时，海信和东林电子又联合向中华商标协会求助，并在 2005 年 2 月 24 日主办了“中国商标海外维权研讨会”，声讨 BSH 公司的侵权行为。研讨会上，海信宣布派律师远赴德国应诉。

不久，西门子新任总裁柯菲德博士给海信写信，表示愿意放弃之前的谈判立场，并在提了几个条件后同意恢复谈判。于是，海信和博西家电双方各自派出强大谈判“阵容”进行和解谈判。从 2005 年 3 月 6 日到 3 月 7 日凌晨，不到 12 小时，双方就一举敲定了和解协议。

2005 年 3 月 7 日，海信与 BSH 在北京发表了和解声明。BSH 同意将其根据当地法律在德国及欧盟等所有地区注册的“HiSense”商标转让给海信集团，同时撤销针对海信的商标诉讼。双方握手言和。

四、餐饮服务行业的商标国际注册策略应用分析[①]

中国餐饮服务品牌“狗不理”由于没有及时运用国际商标注册策略在日本注册商标，导致该商标在日本被其他企业抢注，进而导致“狗不理”在进入日本市场的时候遇到商标方面的障碍，虽几经周折获得了在日本的商标所有权，但付出的时间、精力等成本堪称巨大，值得后来者借鉴。

“狗不理”包子始创于 1858 年。一个多世纪的历史积淀使“狗不理”成了一块拥有巨大商业价值的金字招牌。

20 世纪 80 年代末，原天津狗不理包子饮食集团公司(以下简称狗不理集团)与日本大荣株式会社(以下简称大荣株式会社)签订了合作协议，想借助大荣株式会社这块跳板打进日

① 资料来源：人民网财经《狗不理商标回家记》(2007 年 11 月 05 日)。

本市场，在日本开设分店。没想到市场还没开拓出来，就先丢了金字招牌——“狗不理”商标在日本遭到了一连串的抢注。

1989年，日本和光堂株式会社将“狗不理”注册为包子的产品商标；1994年，“狗不理”在日本被注册为调料品商标；1995年，狗不理集团的合作伙伴大荣株式会社在日本将“狗不理”注册为餐饮服务类商标；2002年，一种注册为“狗不理传说”商标的包子在日本诞生。这其中，“狗不理”餐饮服务商标的抢注对狗不理集团的影响最大，这意味着狗不理集团如果要在日本使用“狗不理”这个餐饮服务类商标，就需要得到大荣株式会社的同意。这对于狗不理集团开拓日本市场造成了极大的阻碍。所以，狗不理集团决定先集中精力从大荣株式会社手中拿回被抢注的商标。

狗不理集团得知商标被抢注后，准备采取法律手段拿回商标的所有权。但是由于当时狗不理集团是天津市和平区区属国有企业，缺乏自主经营权。因此，此事由天津市政府有关部门出面与日本方面协调解决。经协商，大荣株式会社提出将“狗不理”商标有偿转让给狗不理集团，但狗不理集团拒绝了这个方案。

狗不理集团提出的方案是要求大荣株式会社自行撤销“狗不理”商标，由狗不理集团重新注册，但又被对方拒绝。双方针锋相对互不退让，由此谈判陷入了僵局。此后，由于狗不理集团进行产权转让制度改革，此事被暂时搁置。

2005年2月28日，狗不理集团被天津同仁堂股份有限公司收购。产权问题解决后，天津狗不理集团有限公司(以下简称天津狗不理)决心拿回失去的商标。

但是，现实情况却不容乐观。日本商标法规定，对于尚处于审查阶段的商标，可以通过提出异议来阻止商标的注册，但如果商标的注册时间已超过 5 年，再提出异议就比较困难。而此时，“狗不理”商标被抢注已经 5 年多了，如果单纯采取法律手段胜算不大。

经过研究，天津狗不理方面发现，根据日本的有关法律，商标在日本的有效期是 10 年，期满后要重新续展，如果逾期不续展，则视为申请人放弃该商标。“狗不理”商标从 1995 年 7 月 30 日被抢注到 2005 年 7 月 30 日正好有效期满。如果能说服大荣方面放弃续展，事情就简单多了。

于是，天津狗不理授权中国天金商标事务所及其委托的日方三枝国际特许事务所等方面与大荣株式会社展开交涉。

天津狗不理方面的代表给对方讲明了利害关系——“狗不理”已是中国驰名商标，国际公约及日本法律对驰名商标和恶意抢注均有相关法律规定。通过法律途径索回“狗不理”的日本注册权，胜诉的可能性虽然不大，但是考虑到大荣株式会社确实涉嫌抢注，此事肯定会引起媒体的广泛关注。日本社会十分重视商业信誉，即使大荣株式会社方面胜诉了，此事经媒体报道后，大荣株式会社的信誉也会受到严重影响。

大荣株式会社经过再三权衡，最终决定放弃续展“狗不理”商标，双方就此握手言和。

2005 年 9 月 1 日，天津狗不理正式向日本特许厅 (日本政府主管知识产权的机构) 提交了“狗不理”第 43 类(餐饮服务类) 商标注册申请，2006 年 9 月 29 日商标注册成功。

与此同时，天津狗不理与和光堂株式会社之间的谈判也在进行着。经过多次谈判，双方最终于 2007 年 7 月 11 日达成了转让协议，和光堂株式会社将包子产品上的商标有偿转让给了天津狗不理，转让费只相当于日本普通职员一个月的工资。

至此，纠缠10余年的日本“狗不理”商标纠纷得到了圆满解决，“狗不理”商标终于回归天津狗不理集团有限公司。

之所以出现这样的问题，主要原因是企业欠缺长期的商标规划。发达国家的大企业都有一套完整的商标规划管理制度。例如，一个商标在投入市场前至少5年就已经做好了全部的策划和保护措施，其中包括商标命名、前期查询注册、准备投放的目标市场、标识的制作及管理等一系列商标战略。而我们国内企业在商标规划方面还处于初级阶段，往往是临时用，临时注册，根本没有任何规划。2007年10月天津狗不理征集英文名称的事情就是一个例子。

“GOBELIEVE”是天津狗不理公开征集到的英文名称，但该名称公布后，“GOBELIEVE”的相关域名便被抢注。天津狗不理立即决定对这个商标进行注册。这样的事情，在有成熟长期商标规划的企业里绝对不会出现，因为征集到的名称会被作为高度商业机密，严加保护，直到被注册为商标为止。

第十章　其他策略

一、海外媒体传播策略

1. 海外媒体传播策略概述

海外媒体传播策略是指品牌商通过在海外目标市场国家的广播电视媒体或热点地区的户外媒体上投放广告，有针对性地传播品牌理念、扩大品牌知名度的策略。

海外媒体传播策略是自主品牌国际化的策略之一。在本书研究选取的 225 个案例中，应用海外媒体传播策略的案例有 5 个，占比 2.22%。其中，40% 应用于日化行业，20% 应用于食品饮料行业，20% 应用于消费电子行业，20% 应用于纺织服装行业。

海外媒体传播策略在各行业中的应用频率具体如图 10-1 所示。

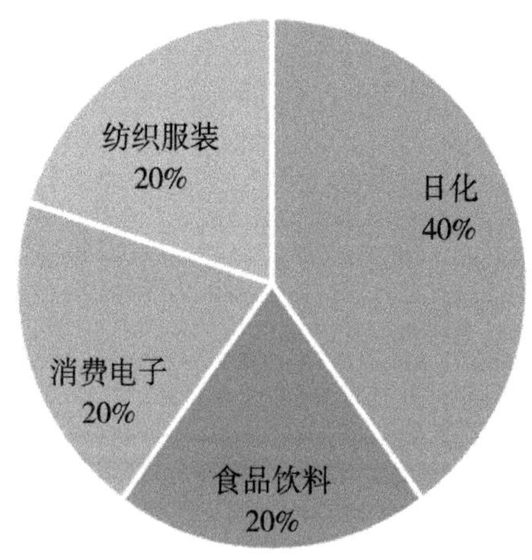

图 10-1　海外媒体传播策略在各行业的应用频率

2. 日化行业的海外媒体传播策略应用分析

（1）隆力奇的海外媒体传播策略应用。

中国日化品牌隆力奇通过在菲律宾的150多家电视台投放广告，运用海外媒体传播策略，有效地扩大了品牌的知名度和美誉度，为进一步提升品牌的国际影响力打下了良好基础。

2014年6月，隆力奇广告片投放菲律宾150多家电视台。该广告片为纯英文版，主要包括隆力奇企业介绍和产品知识讲解，以全新的视角展现隆力奇最新科研、生产实力等。

隆力奇菲律宾分公司自2013年7月27日成立以来，优质的产品得到了菲律宾人民的极力追捧，销售业绩逐月增长。本次隆力奇广告片的拍摄和制作采用全新视角，把隆力奇智能化新工厂、投资6000万元新建的全球研发中心和隆力奇在菲律宾市场销售的产品等进行了集中展示，为进一步扩大隆力奇在菲律宾的品牌知名度和美誉度打下了良好的基础。

（2）植物医生的海外媒体传播策略应用。

中国日化品牌植物医生通过在纽约时代广场户外大屏上播放企业形象片，运用海外媒体传播策略，有效地展示了品牌实力，扩大了品牌知名度，为进一步提升品牌的国际影响力打下了良好基础。

2016年春节期间，植物医生（DR PLANT）亮相纽约时代广场户外大屏，携手世界人民共度春节并送上企业美好祝愿，并以中英两种版本轮番播放企业形象图片，彰显其融入世界、服务世界的实力和愿景。

纽约时代广场是全球著名品牌秀场，被称为“世界的十字路口”。植物医生本次登陆纽约时代广场，不仅将让世界深刻了解植物医生这个拥有优质民族基因的本土护肤品牌，而且将进一步顺势推动其品牌国际化进程，让世界看到中国企业打造世界级品牌的理想和信心。

3. 食品饮料行业的海外媒体传播策略应用分析

中国食品饮料品牌茅台利用Facebook①（脸书）、Linkedin②（领英）及微信等社交平台的渠道作用，运用海外媒体传播策略，及时有效地向海内外消费者展示了茅台的品牌形象，扩大了品牌的知名度，为进一步提升品牌的国际影响力打下了良好基础。

2015年11月4日，贵州茅台海外经销商年度会议在广州举行。这次会议的传播除了传统媒介，还通过Facebook（脸书）、Linkin（领英）及微信平台向全球直播。以Facebook为主，Linkedin和茅台进出口公司微信公众号为辅的海外社交平台，全网系统推送茅台资讯，增强茅台在海外的曝光度，这是

---

① Facebook（脸书）是美国的一个社交网络服务网站，创立于2004年2月4日，总部位于美国加利福尼亚州门洛帕克，主要创始人为马克·扎克伯格（Mark Zuckerberg）。Facebook是世界排名领先的照片分享站点，拥有约9亿用户，每天上传约3.5亿张照片。

② Linkedin（领英）是全球著名的职业社交网站，成立于2002年12月，2003年启动，2011年5月20日在美国上市，总部位于美国加利福尼亚州山景城，在全球范围内拥有6.1亿会员。网站的目的是让注册用户维护他们在商业交往中认识并信任的联系人。用户可以邀请他认识的人成为“关系”（Connections）圈的人。2014年2月25日，Linkedin简体中文版网站正式上线，并宣布中文名为“领英”。2016年6月13日，微软宣布，将以每股196美元，合计262亿美元的全现金收购Linkedin公司的全部股权和净现金。

茅台针对海外市场在选择传播方式方面所作的又一个尝试。

在法国，当地茅台酒经销商也高度重视Facebook、网站、微信等社交平台的渠道作用，及时发布产品信息、活动内容和法国媒体报道、用户体验，与顾客进行近距离互动沟通，通过中国传统节日和黄金周假期等利好机会，向主流社会、本地华人、来法国的中国游客推荐茅台产品。如今，更多的法国人都知道在什么渠道可以买到货真价实的茅台酒。

在贵州茅台Facebook的主页上，设立了茅台酒产品展示、茅台全球服务、茅台百年金奖纪念、茅台历史里程碑等7大活动专页。其中，茅台历史里程碑功能区以时间为序，整理展示了100多条图文并茂的茅台历史大事记。

4.消费电子行业的海外媒体传播策略应用分析

中国消费电子品牌格力通过在纽约时代广场大屏幕上播放企业形象片，运用海外媒体传播策略，有效展示了品牌实力，扩大了品牌知名度，为进一步提升品牌的国际影响力打下了良好基础。

2012年3月17日，格力形象宣传片在纽约时代广场大屏幕首次亮相。宣传片通过介绍格力的企业理念和空调产品向消费者传递了“中国的格力，世界的格力”的决心和信心。该宣传片时长30秒，每天播出40~160次，暂定连续播出5年。格力电器由此成为在纽约时代广场投放力度最大、播出时间最长的中国企业。

格力电器总裁董明珠认为，国际化是靠品牌和技术赢得全世界消费者的过程，不能简单地依靠低价策略无限扩张。通过在时代广场播放形象宣传片，格力就可以与可口可乐和三星在同样的平台上，向消费者展示出格力产品的高端形象。

5. 纺织服装行业的海外媒体传播策略应用分析

中国服装品牌波司登通过在意大利米兰投放户外广告，运用海外媒体传播策略，成功“闯入”世界时尚之都的视野，有效扩大了品牌的知名度，为进一步提升品牌的国际影响力打下了良好基础。

2015 年夏天，波司登的广告牌悄然“占据”了米兰地铁站、机场、商业中心、交通枢纽等人流密集的区域。波司登，一个中国人最为耳熟能详的中国服装品牌，成功“闯入”了世界时尚之都的视野与领地。

借力意大利米兰世界博览会，波司登将中国服饰文化及原创设计与国际接轨，让“中国时尚”的种子在米兰、在意大利乃至在整个欧洲播种、发芽。

通过提升品牌形象、加大拓展优质外贸客户力度，波司登产品已在包括德国、意大利、法国、西班牙、俄罗斯等 8 个国家 400 多家中高端品牌集合店中销售。

二、明星代言策略

1. 明星代言策略概述

明星代言策略是指通过拥有大量粉丝的体育或影视明星乃至政治明星代言，迅速扩大品牌在目标市场的知名度、美誉度和影响力，助力品牌国际化的策略。

明星代言策略是自主品牌国际化的策略之一。在本书研究选取的 225 个案例中，应用明星代言策略的案例有 4 个，占比 1.78%。其中，50% 应用于食品饮料行业，50% 应用于消费电子行业。

明星代言策略在各行业中的应用频率具体如图 10-2 所示。

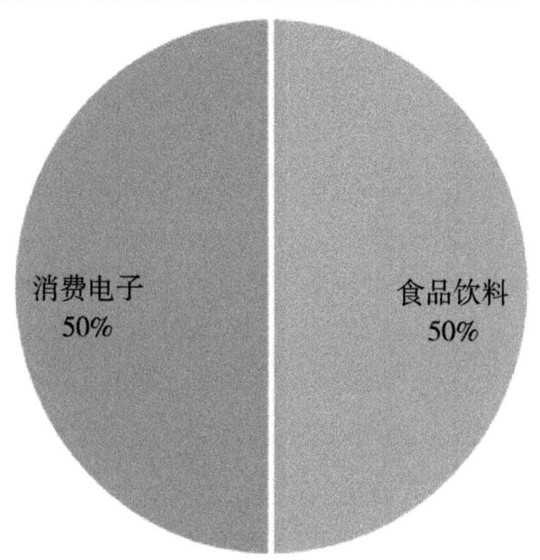

图 10-2 明星代言策略在各行业的应用频率

2. 食品饮料行业的明星代言策略应用分析

（1）蒙牛的明星代言策略应用。

中国食品饮料品牌蒙牛通过聘请阿根廷球星里奥·梅西作为品牌代言人，运用明星代言策略，有效地传达了蒙牛的品牌理念和品牌精神，提高了品牌的知名度，为进一步提升品牌的国际影响力打下了良好基础。

2018 年 2 月 24 日，蒙牛宣布，阿根廷球星里奥·梅西（Lionel Messi）成为其品牌代言人。

蒙牛和梅西的携手，源于双方的高度契合。梅西 11 岁时被诊断出发育荷尔蒙缺乏，却未能阻止天生要强的他对足球的热爱。出色的足球天赋和不息的努力，让他最终成长为足坛的一个奇迹。对于球迷而言,他们痴迷的,不仅是梅西精湛的球技,更是“梅西”精神——天生要强,永不放弃;追求胜利,永不妥协。1999 年成立的蒙牛,最初“一无奶源,二无工厂,三无市场,四无品牌”,经过艰苦卓绝的努力,以 18 年逾 1400 倍的销量增长速度,成为中国发展速度领先的乳品企业。从无到有,从小到大,从弱到强,在蒙牛崛起的背后,靠的正是血脉里的“要强”精神。

签约梅西,意味着蒙牛正式启动了主题为“自然力量·天生要强”的品牌升级行动。“自然力量·天生要强”,不仅阐释了蒙牛汇聚一点一滴的大自然精华,帮助每一个天生要强的人,一天一天向自己的梦想和目标进步,也展现了蒙牛与世界杯和梅西高度契合的品牌精神。

（2）青岛啤酒的明星代言策略应用。

中国食品饮料品牌青岛啤酒通过聘请韩国歌手兼演员李惠利作为品牌代言人,运用明星代言策略,有效地向韩国消费者传达了青岛啤酒独特的品牌形象和品牌理念,为进一步提升品牌在韩国的影响力打下了良好基础。

据悉,李惠利与另一位青岛啤酒代言人模特郑尚勋共同拍摄了青岛啤酒的代言广告。广告中,李惠利介绍了 2019 年年初在韩国推出的青岛纯生啤酒,展示该产品的新鲜感和柔和感。李惠利此前曾在电视剧和综艺节目中展现出与众不同的新鲜感和亲切感,此次青岛啤酒也期待通过她传递出青岛啤酒的品牌形象,让更多的韩国消费者了解青岛啤酒。

青岛啤酒进口商 Beerkorea 方面表示,李惠利一直活跃在电视剧和综艺节目之中,她所展现出来的魅力能够很好地传达青岛啤酒的品牌形象。

3. 消费电子行业的明星代言策略应用分析

（1）TCL 的明星代言策略应用。

中国消费电子品牌 TCL 通过聘请球星内马尔作为品牌代言人，运用明星代言策略，有效地传达了 TCL 的品牌理念和品牌精神，提高了品牌的知名度，为进一步提升品牌的国际影响力打下了良好基础。

2018 年 4 月 17 日，TCL& 内马尔全球发布会在巴西圣保罗拉开大幕，TCL 为内马尔授予了象征“全球品牌大使”身份与责任的印章，内马尔则回赠了 TCL 定制签名球衣。TCL X6 私人影院和 TCL P6 超轻超薄电视及多款旗舰科技产品在发布会当天亮相，受到内马尔频频点赞。在此期间，内马尔出演的 TCL 主题广告也在全球 13 城商圈强势曝光。

与当代足球明星内马尔的合作，体现了 TCL 在品牌年轻化上的考量。作为当今足坛的著名球星，内马尔的粉丝群体更年轻，更有活力，这正契合了 TCL 品牌当下的需求——与年轻群体建立更有效的连接与互动，加速品牌的用户迭代。借助世界杯这个全球化场景，TCL 品牌勇于开拓、不断创新的精神与内马尔不断挑战自己的精神，将传递给更多年轻群体。

业内普遍认为，内马尔不仅仅是一位足坛著名球星，更是一个世界著名 IP[①]：作为一个身兼奥运冠军、欧冠冠军、南美足球先生等荣誉的超级球员，内马尔时刻受到全球数亿粉丝的关注，其品牌价值不可估量。TCL 选择这样一个超级球星作为切入点，不但成功卡位世界杯营销版图，实现全球化营销的升级，同时也让 TCL 的一系列产品在世界级舞台上获得了更加

① 这里的 IP 是 Intellectual Property（知识产权）的缩写形式。

广阔的影响力。

（2）华为的明星代言策略应用。

中国消费电子品牌华为通过聘请越南当红影视明星阮垂芝作为品牌代言人，运用明星代言策略，有效地提升了品牌的知名度，优化了品牌形象，为进一步提升品牌的国际影响力打下了良好基础。

2019 年 11 月，华为宣布，聘请越南当红明星阮垂芝为华为 Nova 3i 手机的代言人。阮垂芝，也叫芝芙，英文名为 Chi Pu，1993 年 6 月 14 日出生于越南河内，在越南有着大批的忠实粉丝，也是当红的明星，人称“越南第一美女”。

除了越南，芝芙在世界其他地方也有很多粉丝，Facebook 上面有着 800 多万粉丝，Instagram 上面也有 350 多万粉丝。

芝芙的五官看起来非常精致，加上那儒雅高贵的气质，穿上天蓝色薄纱裙，仙气十足。凭借芝芙在越南的超高人气及广大的粉丝基础，华为打开越南市场应该指日可待。

本次成为华为 Nova 3i 的越南代言人，据芝芙自己说，主要原因是，“每当我举起我的 Nova 3i 时，它都是一张完美的照片，无须编辑。”

三、海外上市策略

1. 海外上市策略概述

海外上市策略是指企业通过在海外的证券交易所挂牌上市，向海外投资者传播企业品牌信息，同时为海外并购筹集资金、助力企业海外布局的策略。

海外上市策略是自主品牌国际化的策略之一。在本书研究选取的 225 个案例中，应用海外上市策略的案例有 3 个，占比

1.33%。其中，约 33.3% 应用于旅游服务行业，约 33.3% 应用于消费电子行业，约 33.3% 应用于文化传媒行业。

海外上市策略在各行业中的应用频率具体如图 10–3 所示。

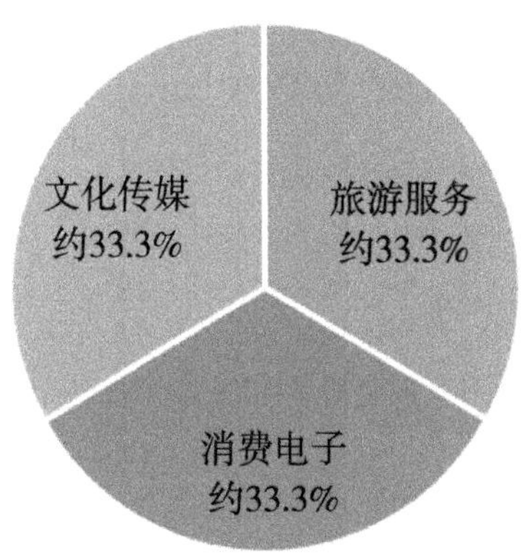

图 10–3　海外上市策略在各行业的应用频率

2. 旅游服务行业的海外上市策略应用

中国旅游服务品牌携程通过在美国纳斯达克上市，运用海外上市策略，有效地提升了企业品牌在海外市场的知名度，为进一步提升品牌的国际影响力打下了良好基础。

2003 年 12 月 9 日，中国著名的旅游网站携程在美国纳斯达克上市，并取得了前所未有的成功，在首个交易日实现股价涨幅 88.6%。通过发行股票，携程筹集到了 7560 万美元资金。

携程成立于 1999 年，总部位于上海，在开曼群岛注册。2001 年，携程将其公司名称“携程旅行网”更名为“携程旅行服务公司”，完成了从一个单纯提供信息的互联网公司演进为一个旅行服务中介公司的身份转变。发展至今，携程已成为中国著名的集宾馆预订、机票预订、度假产品预订、旅游信息查询及特约商户服务为一体的综合性旅行服务公司。

携程旅行网是中国率先在美国纳斯达克成功上市的旅游企业。其成功上市，显示出美国市场对携程的强烈兴趣，也意味着携程将接受更加严格的市场监督和实行完善的公司治理。

3. 消费电子行业的海外上市策略应用

中国消费电子品牌海尔通过在德国法兰克福交易所上市，运用海外上市策略，获得了欧洲投资者的青睐，有效提升了品牌的全球知名度，为进一步提升品牌的全球影响力打下了良好基础。

2018 年 10 月 24 日，海尔在德国法兰克福交易所举行摇铃仪式，正式登陆中欧国际交易所 D 股市场，成为中欧所 D 股市场第一支股票。

本次上市交易，海尔共发行 3.0475 亿股，包括 2.65 亿股基础发售股份及部分超额配售股份。欧洲资本的认可足以说明海尔全球化的影响力，可谓是海尔深耕海外市场和全球化布局的又一战略性成果。

通过在德国上市，海尔计划利用中欧两地的资本市场实现资金来源多元化，优化资本结构，扩大投资者基础。同时，海尔也希望利用在德国上市来提升其全球品牌知名度，并支持其业务战略和全球部署，特别是在欧洲家电市场的进一步扩张。

4. 文化传媒行业的海外上市策略应用

中国文化传媒品牌腾讯音乐通过在纽约证券交易所上市，运用海外上市策略，有效地提升了企业品牌在海外市场的知名度，为进一步提升品牌的国际影响力打下了良好基础。

2018 年 12 月 12 日，腾讯音乐在纽约证券交易所上市，总市值达到约 230 亿美元，达到了与在美国市场上市的同行 Spotify Technology① 基本相同的水平。

通过与母公司腾讯合作，腾讯音乐的月度用户已达到8亿人。

四、海外投标策略

1. 海外投标策略概述

海外投标策略是指品牌商在海外的重大项目采购招标中，作为供应商积极参与投标，进而通过重大项目的示范引领作用，有效扩大品牌知名度和美誉度的策略。

海外投标策略是自主品牌国际化的策略之一。在本书研究选取的 225 个案例中，应用海外投标策略的案例只有 3 个，占比 1.33%。其中，67% 应用于汽车行业，33% 应用于消费电子行业。

海外投标策略在各行业中的应用频率具体如图 10–4 所示。

---

① Spotify Technology 中文名为声田科技或声破天科技，是一个正版流媒体音乐服务平台，2008 年 10 月在瑞典首都斯德哥尔摩正式上线。2018 年 4 月 3 日，Spotify Technology 在纽交所上市。

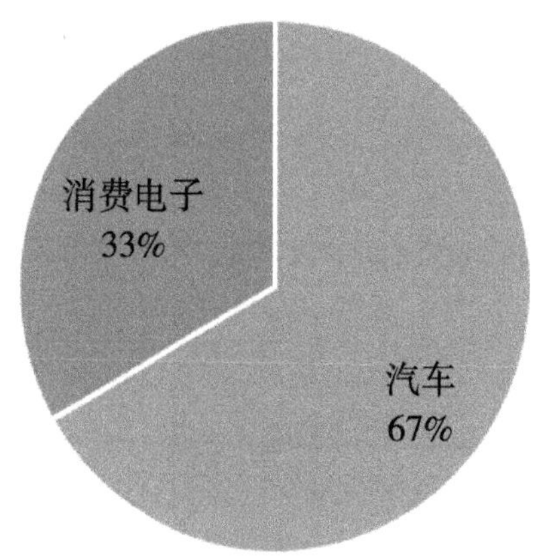

图 10-4　海外投标策略在各行业的应用频率

2. 汽车行业的海外投标策略应用分析

中国汽车品牌比亚迪通过参与哥伦比亚和荷兰的公交车采购招标，运用海外投标策略，有效地提升了产品的市场占有率，充分发挥了公共交通工程的示范作用，为进一步提升品牌的国际影响力打下了良好基础。

（1）在哥伦比亚成功中标 379 台纯电动大巴订单。

2019 年 11 月 14 日，比亚迪在哥伦比亚成功中标 379 台纯电动大巴订单，中标运营期限为 15 年。中标车辆将于 2020 年下半年交付当地公交运营商。这是迄今为止哥伦比亚最大的纯电动大巴订单，也是比亚迪目前在美洲斩获的最大的纯电动大巴订单。

从 2012 年开始为哥伦比亚开发交通装备至今，比亚迪在当地已有将近 7 年的经验沉淀，兼顾本地化设计的大巴完全满足当地交通体系的运营要求、国家法规及必备证照。该批次大巴投入使用后，加上此前交付的 70 辆纯电动大巴，比亚迪在哥伦比亚的纯电动大巴规模将达到近450台，在拉美市场也随之提升至近千台级水平。

2019年年初，比亚迪在哥伦比亚成功中标64辆纯电动大巴订单，用于该国第二大城市麦德林的快速公交线。加上此次中标的379台电动大巴，哥伦比亚将有望超越智利，成为拉美地区纯电动大巴最多的国家。

（2）在荷兰成功中标259台纯电动大巴订单。

2019年12月6日，比亚迪与欧洲公交运营商凯奥雷斯荷兰分公司签署协议，中标荷兰259台纯电动大巴订单。

据比亚迪介绍，该订单涉及比亚迪巴士家族多款车型。所有车辆将于2020年年底投入运营，线路覆盖荷兰东部及中部区域。其中，比亚迪全新城际巴士车型配备了全新电池技术，更持久的续航能力可以完全满足城际通勤运营需要。

2012年，比亚迪率先获得欧洲公开招标电动巴士订单。截至目前，比亚迪纯电动大巴已成功销往欧洲13个国家的逾60个城市，累计斩获订单1200余台。

3. 消费电子行业的海外投标策略应用分析

中国消费电子品牌格力通过参与系列“一带一路”沿线标杆工程投标，运用海外投标策略，有效地提升了产品的市场占有率，充分发挥了重点工程的示范作用，为进一步提升品牌的国际影响力打下了良好基础。

2018年8月，格力在多哥共和国议会大厦建设工程中中标的轻商U-MATCH系列和GMV5直流变频多联机系列产品全部完成交付并投入使用，服务多哥共和国议会大厦。

多哥议会大厦位于多哥共和国首都洛美新区，占地8.5公项，包括大堂、宴会厅、议会厅和各类会议室、办公室等，总建筑面积约 1.3 万平方米。由于地处大西洋沿岸，项目方对空调系统防腐、除湿、静音、制冷、大面积送风等各方面性能都提出了很高要求。格力团队根据多哥气候条件，因地制宜，向客户推荐了直流变频多联机 GMV5 系列组合方案和格力轻型商用 U-MATCH 系列，最终凭借优质的产品性能和细致、周到的服务，从众多品牌中脱颖而出，赢得了客户认可。

2018 年以来，格力先后中标"一带一路"沿线标杆工程，服务于国家五大能源战略通道之一的巴基斯坦瓜达尔港项目、巴西美丽山二期特高压直流输电项目、中（中国）老（老挝）铁路、缅甸仰光市坎塔亚中心、肯尼亚内马铁路等重大工程，让"中国造"沿"一带一路"花开遍地，服务世界。

五、国际认证策略

1. 国际认证策略概述

国际认证策略是指通过申请并获得目标产品领域的国际标准认证或目标市场国家标准认证，突破目标市场国家的非关税贸易壁垒，使产品顺利进入目标市场并扩大品牌知名度、提升品牌美誉度的策略。

国际认证策略是自主品牌国际化的策略之一。在本书研究选取的 225 个案例中，应用国际认证策略的案例有 2 个，占比 0.89%。其中，50% 应用于纺织服装行业，50% 应用于汽车行业。

国际认证策略在各行业中的应用频率具体如图 10-5 所示。

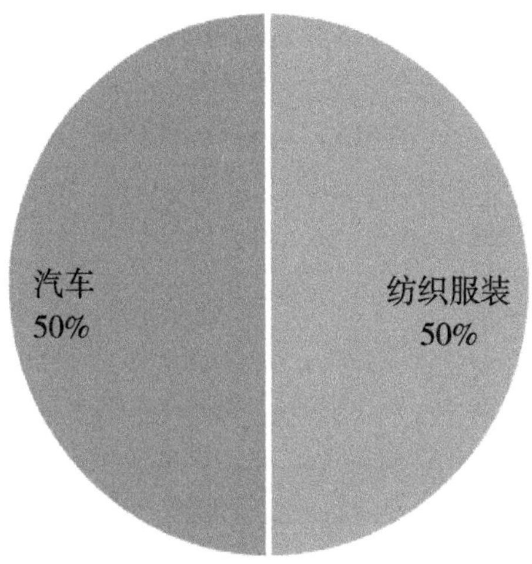

图 10-5 国际认证策略在各行业的应用频率

2. 纺织服装行业的国际认证策略应用分析

中国纺织品品牌亚光家纺通过连续 10 多年与 Oeko-Tex 协会①及 TESTEX②合作，运用国际认证策略，引入了先进的生态产品标准、可持续性发展标准和环境管理标准，提升了品牌形象，铺平了国际市场开拓的道路。

① 国际环保纺织协会（Oeko-Tex Associationa），由德国海恩斯坦研究院和奥地利纺织研究院创立，现由各国知名的纺织鉴定机构及他们的代表处组成。1992 年 4 月，该协会制订了纺织品测试标准——Oeko-Tex Standard 100。

② 瑞士纺织检定有限公司，是一家独立的第三方检测和认证机构，成立于 1846 年，已有 170 余年发展历史，专注于为纺织和皮革行业从原材料、染化料、最终成品及整个生产过程提供环保、可持续、可追溯的解决方案。1995 年，TESTEX 以 Oeko-Tex 协会在中国的官方代表机构身份进入中国市场。

2015 年 6 月，亚光家纺获得由 TESTEX 代表 Oeko-Tex 协会签发的全球首张 B2C 领域 Made in Green by Oeko-Tex 标签。Made in Green 是针对纺织品的可追溯性标签，每一个标签上都有唯一编号，给纺织品使用者三个保证：一是产品用料是经过测试不含有害物质的；二是在对环境友好的设施中生产的；三是在安全和对社会负责任的场所生产的。

同时，亚光家纺还成为了 Oeko-Tex 2015 年 11 月每月之星企业，并在 2016 年 1 月的德国法兰克福全球家纺展上做了可持续发展的主题演讲。可以说，在可持续发展方面，亚光家纺为集聚新一轮竞争优势，赋予品牌持久生命力打下了良好的基础。

3. 汽车行业的国际认证策略应用

中国汽车品牌比亚迪生产的纯电动大巴通过获得欧盟整车认证（WVTA），以及完成美国宾夕法尼亚 Altoona 大巴研究测试中心的结构完整性测试，运用国际认证策略，取得了以欧洲、北美为代表的世界范围内发达国家的准入资格，收获了大量订单，为进一步提升品牌的国际影响力打下了良好基础。

2013 年，比亚迪获得欧盟整车认证（WVTA），拿到进入欧盟的“入场券”和无限制自由销售权。2014 年 6 月，比亚迪 K9 纯电动大巴顺利完成美国宾夕法尼亚州 Altoona 大巴研究测试中心的结构完整性测试，成为世界上率先通过该测试并拥有超长续航里程的纯电动大巴。比亚迪也因此获得了美国联邦交通管理局颁发的 TVM（公交汽车制造商）资质。

2013 年，比亚迪在美国兰开斯特建厂，并在短短的 6 年间迅速成长为北美最大的电动巴士制造商，产品行销美国 13

个州和加拿大4个省；2015年，比亚迪成功进入日本市场，在日本国内取得了良好的口碑和反响；2019年12月初，比亚迪中标荷兰259辆纯电动大巴订单，比亚迪在欧洲电动大巴市场的份额因此达到20%。

六、迂回进入策略

1. 迂回进入策略概述

迂回进入策略是指品牌商通过在第三方国家建立生产基地，取得第三方国家的原产地证明，从而避开目标市场国家的反倾销调查，成功进入该国市场，进而在目标市场国家建立并提升品牌知名度和美誉度的策略。

迂回进入策略是自主品牌国际化的策略之一。在本书研究选取的225个案例中，应用迂回进入策略的案例只有1个，占比0.44%。这种策略就本书研究目前收集的案例来看，仅应用于日化行业。

2. 迂回进入策略应用分析

中国日化品牌金王通过在韩国和越南设立生产工厂，运用迂回进入策略，成功避开了欧美国家对从中国进口蜡烛产品的反倾销调查，保持并稳步提升了在欧美国家的市场份额，为进一步提升品牌的国际影响力打下了良好基础。

2005年，美国再次启动了新一轮反倾销调查，并在2006年年初向从中国进口的蜡烛产品征收惩罚性的108.3%的反倾销税。当时，美国占中国蜡烛出口总额近六成，金王是沃尔玛全球的供应商，供货量占总销售额的30%以上。一旦反倾销税使得产品成本上升而丧失美国市场和沃尔玛渠道的话，将来再想进入就难上加难。

2005 年 6 月，金王投资 1500 万元在韩国釜山设立了生产工厂。当金王在韩国拿到“Made in Korea”的原产地证明后，韩国工厂成了金王规避美国反倾销调查的“避风港”，不仅美国订单没有丧失，国际市场的销售收入反而同比增长了 26%。

2007 年以来，受美国金融危机的影响，生产蜡烛的主要原材料价格上涨了 80%。更为紧迫的是，作为中国蜡烛最大出口市场的欧盟又将反倾销之剑高悬于中国蜡烛企业的头顶。韩国工厂产能占金王的 10%，人力成本却是国内的 5~6 倍。生产和出口成本的猛增，使得金王把扩建海外制造基地的目光由韩国转移至越南。

2008 年 5 月 21 日，金王召开股东大会，决定把韩国工厂整体搬迁至越南。越南工厂设在胡志明市一个中越合资建设的工业园中，可享受企业所得税“免 4 减 3”的政策优惠，劳动力成本仅相当于国内的一半，员工每月工资约合 500 多元。与此同时，欧美国家对越南实施的贸易壁垒几乎没有，在越南建厂并取得原产地证书既可有效避免反倾销，又能化解我国各种成本上涨的压力。

七、品牌延伸策略

1. 品牌延伸策略概述

品牌延伸策略是指品牌商在品牌的国际化推广过程中，把已经取得良好市场表现的某产品的品牌延伸至关联产品，利用该品牌已有的影响力，使关联产品快速获得消费者认可，品牌内涵进一步丰富的策略。

品牌延伸策略是自主品牌国际化的策略之一。在本书研究选取的 225 个案例中，应用品牌延伸策略的案例只有 1 个，占比 0.44%。这种策略就本书研究目前收集的案例来看，仅应用于文化传媒行业。

2. 品牌延伸策略应用分析

中国文化传媒品牌中南卡通利用在市场上已经获得成功的全三维动画片《魔幻仙踪》的品牌优势，运用品牌延伸策略，顺势推出同名动漫舞台剧和 3D 立体动画电影，获得了海内外动漫爱好者的认可和好评，为进一步提升品牌的国际影响力打下了良好基础。

2014 年 5 月 21 日，由中南卡通出品的 3D 立体动画电影《魔幻仙踪》的预告片首登美国纽约时代广场的电子大屏幕。预告片中精益求精的场景设计，细腻唯美的画风，生动鲜明的动漫形象受到国际买家的热捧。据片方透露，该片已与加拿大、新加坡、韩国、捷克、泰国、马来西亚、印度尼西亚等 20 多个国家达成合作意向，会在这些国家进行播放和出版发行。这是中南卡通全三维动画片《魔幻仙踪》在国际市场上热播并推出同名动漫舞台剧在国内深受各界好评之后，顺势推出的第二部同名作品。

全三维动画片《魔幻仙踪》是 2008 年 3 月由中南卡通与中央电视台的央视动画公司联合推出的作品。该动画片围绕着小主人海婴、默默及周围的水族动物们所经历的各种充满奇趣与幻想的离奇故事，表达了一种积极乐观与不畏艰险的精神。动画片的首播在央视 4 个频道同步播出，随后又在美国尼克儿童频道与新加坡新传媒等国际知名的主流媒体先后播出，出口国家和地区累计 30 多个，在各国观众中深受好评和认可。

2010 年 4 月，借助动画片《魔幻仙踪》的热播，中南卡通与浙江歌舞团合作推出了同名动漫舞台剧，并且在全国进行了市场化运作，深受社会各界好评。

而中南卡通从 2011 年就开始打造的这部 3D 动画电影，也希望能够借助《魔幻仙踪》的品牌优势，为中国原创动漫市场注入新鲜的活力，以便顺利地开拓国际市场。

附录一　相关品牌简介

一、消费电子品牌

1. 海尔

海尔集团创立于1984年，拥有海尔、卡萨帝、GEA、斐雪派克、AQUA、统帅等智能家电品牌。目前，海尔在全球拥有10大研发中心、24个工业园、108个制造工厂、66个营销中心。

在持续创业创新过程中，海尔坚持“人的价值第一”的发展主线，率先创新物联网时代的人单合一模式。人单合一模式下的大规模定制解决方案COSMOPlat领先于德国工业4.0和美国工业互联网，被IEEE（电气与电子工程师协会）确定牵头制定大规模定制模式国际标准。物联网时代，海尔生态品牌和海尔模式正实现全球引领。

2. 美的

美的集团成立于1968年，是一家业务范围涵盖消费电器、暖通空调、机器人与自动化系统、智能供应链（物流）等多个领域的科技集团。迄今，美的的业务与客户已遍及全球，在世界范围内拥有约200家子公司、60多个海外分支机构及12个战略业务单位，在全球拥有约135000名员工，业务涉及200多个国家和地区。

2015年，美的成为率先获取标普、惠誉、穆迪三大国际信用评级的中国家电企业，评级结果在全球家电行业中处于领先地位。

按照“产品领先、效率驱动、全球经营”的三大发展战略，美的在包括中国在内的 11 个国家设立了 28 个研发中心，是率先在美国硅谷设立 AI 人工智能研发中心的中国家电企业。

3. 格力

珠海格力电器股份有限公司成立于 1991 年，是一家产业覆盖空调、高端装备、生活品类、通信设备等领域的多元化工业集团，产品远销 160 多个国家和地区。

公司坚持创新驱动，现拥有 24 项“国际领先”技术，获得国家科技进步奖 2 项、国家技术发明奖 1 项，中国专利金奖 2 项。据日经社统计发布，2018 年格力家用空调全球市场占有率达 20.6%。

4. 长虹

长虹创建于 1958 年，现已成长为集消费电子、核心器件研发与制造为一体的综合型跨国企业集团，并正向具有全球竞争力的信息家电内容与服务提供商挺进。

长虹旗下拥有 4 家上市公司：四川长虹（600839.SH）、长虹美菱（000521.SZ）、长虹华意（000404.SZ）、长虹佳华(08016.HK)，同时，新增长虹民生（836237.OC）、长虹能源（836239.OC）、中科美菱（835892.OC）等新三板挂牌公司。

多年来，长虹坚持以用户为中心、以市场为导向，强化技术创新，沿着智能化、网络化、协同化方向，不断提升企业综合竞争能力，逐步成长为全球值得尊重的企业。

5. 海信

海信集团创建于 1969 年，拥有海信视像（600060）和海信家电（000921）两家分别在沪、深、港三地上市的公司，持有海信（Hisense）、科龙（Kelon）和容声（Ronshen）三个中国著名商标，目前在全球拥有 14 个生产基地、12 个研发中心，海外分支机构覆盖美洲、欧洲、非洲、中东东南亚及澳大利亚等市场，产品远销 130 多个国家和地区。

6. TCL

TCL 创立于 1981 年，现有 75000 余名员工，26 个研发中心，10 余家联合实验室，22 个制造加工基地，在 80 多个国家和地区设有销售机构，业务遍及全球 160 多个国家和地区。

TCL 即 the Creative Life 三个英文单词首字母的缩写，意为创意感动生活。TCL 集团致力于成为智能产品制造和互联网服务的全球领先企业，2004 年 1 月整体在深交所上市 (SZ.000100)，旗下另拥有 4 家上市公司：TCL 电子 (1070HK)、通力电子 (01249.HK)、华显光电 (00334.HK)、翰林汇 (835281)。

7. 华为

华为创立于 1987 年，是全球领先的 ICT（信息与通信）基础设施和智能终端提供商，目前拥有 19.4 万员工，业务遍及 170 多个国家和地区，服务 30 多亿人口。

华为在通信网络、IT、智能终端和云服务等领域为客户提供有竞争力、安全可信赖的产品、解决方案与服务，与生态伙伴开放合作，持续为客户创造价值，释放个人潜能，丰富家庭生活，激发组织创新，共同推动世界进步。

8. 小米

小米公司成立于 2010 年 4 月，是一家以手机、智能硬件和 IoT 平台为核心的互联网公司。截至 2018 年年底，小米的业务遍及全球 80 多个国家和地区。

目前，小米是全球第四大智能手机制造商，在 30 余个国家和地区的手机市场进入了前 5 名，特别是在印度，连续 5 个季度保持手机出货量第一。

9.OPPO

OPPO 全称广东欧珀移动通信有限公司，成立于 2004 年，是一家全球性的智能终端和移动互联网公司，致力于为客户提供最先进和最精致的智能手机、高端影音设备和移动互联网产品与服务，业务覆盖中国、美国、俄罗斯及欧洲、东南亚等 35 个国家和地区。

2018 年 8 月，OPPO 以 8.6% 的全球智能手机市场份额稳居全球第五，成功入选波士顿咨询集团（BCG）公布的 2018 年“全球挑战者”榜单。

二、食品饮料品牌

1. 青岛啤酒

青岛啤酒可追溯至 1903 年 8 月由德国商人和英国商人合资在青岛创建的日耳曼啤酒公司青岛股份公司,产品远销美国、加拿大、英国等世界 100 多个国家和区域，是世界第五大啤酒厂商。目前品牌价值 1637.72 亿元，连续 16 年蝉联中国啤酒行业首位，位列世界品牌 500 强。

青岛啤酒几乎囊括了1949年中华人民共和国建立以来所举办的啤酒质量评比的所有金奖，并在世界各地举办的国际评比大赛中多次荣获金奖。2016年，获得“全世界信誉最好的100家公司”等荣誉称号。2018年，入选“2017亚洲品牌500强”、荣膺“最具竞争力企业”等殊荣。

2. 茅台

茅台集团是以贵州茅台酒股份有限公司为核心企业，涉足产业包括白酒、保健酒、葡萄酒等领域的中国特大型国有企业。主导产品贵州茅台酒与法国科涅克白兰地、英国苏格兰威士忌并称“世界三大（蒸馏）名酒”。

目前，贵州茅台酒已陆续进入美国、日本、澳大利亚、俄罗斯、新加坡、意大利、德国、马来西亚等多个国家及地区的酒水市场，海外销售区域覆盖了亚洲、欧洲、非洲、美洲、大洋洲五大洲的有税市场及重要口岸的免税市场，拥有分布在66个国家和地区的104家海外经销商。

3. 泸州老窖

泸州老窖股份有限公司是一家具有400多年酿酒历史的百年老字号酿酒企业，拥有我国建造最早（始建于公元1573年）、连续使用时间最长、保护最完整的老窖池群，生产的泸州老窖特曲被誉为“酒中泰斗”，自1915年在美国旧金山获巴拿马太平洋万国博览会金奖以来，累计获得重大国际金牌17枚。

公司坚持以“全心全意酿酒、一心一意奉献”为宗旨，致力于酿造世界最好的白酒，把泸州老窖建成全球酒类市场中的航空母舰，形成融入经济全球化的大型现代企业。

4. 五粮液

五粮液集团是以酒业为核心主业的特大型国有企业集团，从 1915 年巴拿马万国博览会扬名世界至今，已先后获得上百项国内国际荣誉。2019 年，五粮液品牌位居“亚洲品牌 500 强”第 40 位、“2019 全球最有价值的 50 大烈酒品牌”第 2 位。

五粮液集团立足“为消费者创造美好，为员工创造幸福，为投资者创造良好回报”的核心价值理念，紧紧围绕“做强主业、做优多元、做大平台”发展战略，致力于打造健康、创新、领先的世界一流企业。

5. 蒙牛

内蒙古蒙牛乳业（集团）股份有限公司始建于 1999 年，2004 年在香港上市（HK2319），2014 年入选恒生指数成分股，2016 年位列全球乳业第 10 位。

近年来，蒙牛着力整合全球优势资源，先后与丹麦 Arla Foods（阿拉福兹）、法国 Danone（达能）、美国 White Wave（白波）、新西兰 Asure Quality（安硕）、美国 UC-Davis（加利福尼亚大学戴维斯分校）、新西兰 Massey University（梅西大学）达成战略合作，快速实现了与国际乳业先进管理水平接轨，并形成了集奶源建设、研发生产及销售为一体的大型乳制品全产业链。规模化、集约化奶源比例达 100%。

在海外市场上，蒙牛产品已覆盖澳大利亚、新西兰、新加坡、马来西亚、印度尼西亚、柬埔寨、缅甸、蒙古等近 10 个国家，出口产品包括常、低、冰三大业态，受到海外市场的认可和好评。

6. 光明食品

光明食品（集团）有限公司是集现代农业、食品加工制造、食品分销为一体,具有完整食品产业链的综合性食品产业集团,致力于成为世界上有影响力的跨国食品产业集团。

光明食品集团拥有6家上市公司，其中光明乳业、金枫酒业、梅林股份、光明地产和开创国际5家为中国A股上市公司,新西兰新莱特乳业公司为新西兰主板上市企业。

光明食品集团与160多个国家和地区的上万家客户建有稳定的贸易关系，并与可口可乐、百事可乐、雀巢、达能、三得利、麒麟、统一、谢赫、大金等国际著名公司开展了广泛的合资合作。

7. 王致和

王致和集团是一家以生产酿造调味品为主业的科工贸一体化、跨行业经营的集团公司，生产酱油、食醋、腐乳等几大类百余种产品，拥有“王致和”“金狮”“龙门”“老虎”“宽”牌五大品牌，产品不仅畅销全国各地，还远销欧美、东南亚等各国。

集团拥有历史悠久的产品，其中，创制于1669年（清康熙八年）的王致和腐乳作为具有浓郁民族特色的中式调味品，深受全球华人的喜爱。

8. 镇江香醋

镇江香醋创制于1840年，是江苏省镇江市特产，中国国家地理标志产品。之所以称为香醋，是因为镇江醋有一种独特的香气。

镇江香醋驰名中外，1909 年开始出口，是中国出口量最大的食醋，远销海外 60 多个国家和地区。2001 年，国家质检总局批准对“镇江香醋”实施地理标志产品保护。2012 年，镇江香醋获得欧盟批准，在欧盟正式注册成为地理标志（PGI）。

三、纺织服装品牌

1. 波司登

波司登国际控股有限公司创始于 1976 年，是亚洲规模最大、技术最先进的品牌羽绒服生产运营商之一，旗下品牌包括“波司登”“雪中飞”“康博”“冰洁”“冰飞”“上羽”等，以及“波司登”男装品牌和“Ricci-Club”女装品牌。

创立 40 多年来，波司登广受国内外好评，羽绒服年产量占全球产量的 1/3，在全球累计销售超 2 亿件，畅销美国、法国、意大利等 72 个国家，以自主品牌、原创设计、质量把关和创新发展成功地在发达国家市场上占有了自己的一席之地，在欧美国家消费者中树立了中高端品牌的良好形象。

2. 海澜之家

海澜集团成立于 1988 年，是中国服装行业龙头企业，先后成功创建了海澜之家、圣凯诺、EICHITOO（爱居兔）、黑鲸、海澜优选、AEX、OVV、海一家等自主服装品牌。

2017 年，海澜之家以 HLA 品牌正式入驻马来西亚，开启了海澜品牌国际化新征程。经过两年潜心耕耘，海澜之家及旗下品牌已在马来西亚、新加坡、泰国、日本、越南等国家开设近 50 家门店，并在当地备受热捧。2018 年，海澜之家在海外市场实现营业收入 5615 万元。“扎根东南亚、辐射亚太、着眼全球”成为海澜之家海外拓展的战略目标和既定方向。

3. 亚光家纺

亚光家纺是国内领先、享誉国际家纺界的中国优秀毛巾生产商，生产的毛巾、浴巾及各类毛巾制品销往美国、澳大利亚、日本、加拿大等 30 多个国家和地区，先后获得 Walmart、Kohl’s、Target 等颁发的 15 项客户大奖，自主品牌产品曾一度占领欧美 65% 以上中高端主流市场。

亚光家纺以“亚光”品牌领先国内，以“LOFTEX”品牌享誉国际家纺界，在开拓国际市场、创建国际自主品牌方面走到了全国家纺行业的前列，成功跻身国际家纺品牌第一方阵。

4. 江南布衣

江南布衣集团是一家由中国设计师李琳于 1994 年在杭州创办的服装企业，旗下拥有主线品牌 JNBY、男装品牌速写（Croquis）、女装品牌 Less、童装品牌 jnby by JNBY、青少年品牌 Pomme de terre、家居品牌 JNBY Home、男装品牌 Samo、可持续环保时尚品牌 Reverb 及男装和童装品牌 A Personal Note 73 共计 9 个产品品牌和 1 个时尚精品零售品牌——LA SU MIN SO LA。

截至目前，江南布衣集团在中国设有 1500 余家门店，并在美国、加拿大、日本、以色列等 19 个国家开设了 44 家门店。

5. 李宁

李宁公司是中国家喻户晓的“体操王子”李宁在 1990 年创立的体育用品公司。经过 20 多年的探索，李宁公司已逐步成为国际领先的运动品牌公司。

李宁公司的产品主要包括运动及休闲鞋类和服装等。截至2018 年 12 月 31 日，李宁品牌在中国境内的线下店铺总数为6344 家（不包含李宁 YOUNG），并持续在东南亚、中亚和印度美国，以及欧洲等地区开拓业务。

李宁公司与 NBA、ATP 等国际顶级赛事和组织结为了战略伙伴，先后签约奥尼尔、柳比西奇、何塞·卡尔德隆等国际著名运动员，与西班牙奥委会、西班牙篮协、瑞典奥委会、阿根廷篮协合作，品牌的国际知名度和美誉度大大提高。

6. 安踏

安踏集团是一家专门从事设计、生产、销售运动鞋服、配饰等运动装备的综合性、多品牌的体育用品集团，创立于1991 年，2007 年在中国香港上市。从 2015 年起，安踏集团一直是中国最大的体育用品集团之一。

安踏集团旗下拥有安踏 ANTA(中国)、斐乐 FILA(意大利)、迪桑特 DESCENTE（日本）、可隆 KOLON（韩国）等多个中国及国际知名的运动品牌。2019 年 3 月，安踏收购了芬兰亚玛芬体育公司，将亚玛芬旗下的萨洛蒙 Salomon（法国）、始祖鸟 Arc’teryx（加拿大）、阿托米克 Atomic（奥地利）等国际知名品牌纳入囊中，成为全球第三大综合体育用品集团。

在国际市场的拓展上，安踏积极与 NBA 合作，签约斯科拉、加内特、隆多等 NBA 明星，不断提升品牌的国际影响力。截至目前，安踏已经进入东南亚、美洲、非洲等市场，产品销往全球 200 多个国家和地区。

7. 华孚

华孚时尚股份有限公司是率先在中国A股上市的色纺行业公司，全球色纺产业领先品牌、全球最大的新型纱线供应商和制造商之一。

“华孚”牌色纺纱已成为色纺行业国际品牌，全球市场占有率名列前茅，主导产品远销欧美、日韩、东南亚等几十个国家和地区，是众多国内外名牌服饰的首选纱线。

面对产业互联网与柔性供应链发展的新机遇，华孚将公司重新定位为全球纺织服装产业时尚运营商，正朝着千亿目标奋勇前进。

8. 361°

361°集团成立于2003年，是一家集品牌、研发、设计、生产、经销为一体的综合性体育用品公司，产品包括运动鞋、运动服装及相关配件、童装、时尚休闲服装等多个品类。

目前，361°已先后在美国、巴西、欧洲等地建立2000多个销售网点，在印度尼西亚、越南、尼泊尔、印度等多个地区和国家也有经销网络。

9. 雅戈尔

雅戈尔集团创建于1979年，是中国纺织服装行业领先企业，下设服装控股、服装制造科技、纺织控股等八大控股公司。

40年来，雅戈尔始终把打造国际品牌作为企业发展的根基，形成了以YOUNGOR品牌为主体，MAYOR、Hart Schaffner Marx、HANP、YOUNGOR LADY为延伸的立体化品牌体系。公司已经与ZEGNA、LORO PIANA、CERRUTI

1881、ALUMO、ALBINI 五大国际面料商建立战略合作联盟，以“全球面料、红帮工艺、高性价比”打造中国自主高端男装品牌“MAYOR”。

通过全资收购美国KWD旗下的SMART和新马两个公司，雅戈尔的生产能力达到8000万件，成为世界最大的男装企业之一。同时，通过新马的营销渠道及物流平台，雅戈尔的产品可以直接进入美国的零售市场。

10. 岱银

山东岱银纺织服装集团创建于1987年，是一家集纺纱、织布、毛纺、服装、国际贸易、跨国经营于一体的现代化企业集团，下设岱银纺织公司、岱银毛纺公司、雷诺服饰公司等10余家分公司，并在海外设有岱银斯里兰卡服饰公司、岱银纺织马来西亚公司两大生产基地及美国雷诺时尚公司、加拿大贸易公司等数家分支机构。

集团年产棉纱20万吨、毛呢300万米、牛仔布3000万米、服装500万件，各种系列的纱、布、毛呢、服装产品远销全球80多个国家。集团精心培植的“雷诺”服装品牌在美国、加拿大等海外市场实现了自主品牌销售。

11. 华纺股份

华纺股份有限公司创建于1976年，是中国纺织印染行业的骨干企业，产业领域涉及纺织、印染、家纺成品、服装等，产品出口比重达85%以上。

公司先后通过ISO9001：2008质量体系、ISO14001：1996环境管理体系、OHSAS18001:1999（GB/T28001-2001）职业健

康安全管理体系、能源管理体系和知识产权管理体系认证，产品获得 Oeko-Tex Standard 100 国际环保纺织品认证和“白名单资质证书”。

公司品牌商标已在欧盟及中国、美国等国家和地区注册成功，被山东省名牌战略推进委员会、山东省质量技术监督局授予“山东名牌”称号。

12. 三枪

上海三枪（集团）有限公司成立于 1994 年 11 月，以生产三枪牌内衣而著称，旗下品牌包括三枪牌、鹅牌、菊花牌和金杯牌（袜品）。

三枪集团位于上海浦东康桥的生产基地——“三枪工业城”占地 152000 平方米，拥有完备的设计打样中心和国际一流的生产设备，是具有亚洲领先水平的内衣制造基地，年产量可达 9000 吨以上。近年来，三枪与沃特·迪斯尼公司合作开发生产的婴童装及青少年内衣系列，以其高品质的面料、精良的制作和时尚的款式赢得了市场的广泛关注。

四、汽车品牌

1. 长城汽车

长城汽车是全球知名的 SUV、皮卡制造商，旗下拥有哈弗、WEY、欧拉和长城皮卡 4 个品牌，产品涵盖 SUV、轿车、皮卡三大品类，具备发动机、变速器等核心零部件的自主配套能力，下属控股子公司 70 余家，员工 6 万余人。

长城汽车拥有国际一流的研发设备和体系，具备 SUV、轿车、皮卡三大系列及动力总成的开发设计能力，并先后在日本、美国、德国、印度、奥地利和韩国设立了海外研发中心。

长城汽车是第一批走出国门的中国汽车企业，目前已完成60多个国家和地区的市场布局。截至2018年年底，长城汽车海外销售网点数量总计400余家，网络覆盖俄罗斯、南非、澳大利亚及中东、非洲、南美、亚太等区域市场，累计实现海外销售60多万辆。

2. 吉利控股

吉利控股集团始建于1986年，现已发展成为一家集汽车整车、动力总成、关键零部件设计、研发、生产、销售及服务于一体，并涵盖出行服务、线上科技创新、金融服务、教育、赛车运动等业务在内的全球性企业集团。

吉利控股集团旗下拥有吉利汽车、领克汽车、沃尔沃汽车、Polestar、宝腾汽车、路特斯汽车、伦敦电动汽车、远程新能源商用车、太力飞行汽车、曹操专车、荷马、盛宝银行、铭泰等众多国际知名品牌。各品牌均拥有各自独特的特征与市场定位，相对独立又协同发展。

2019年，吉利控股集团旗下各品牌在全球累计销售汽车超217.8万辆，同比增长1.23%。集团规划于2020年实现汽车年产销超300万辆，进入全球汽车企业前十强。

3. 比亚迪

比亚迪股份有限公司创立于1995年，2002年7月31日在中国香港主板发行上市，是一家拥有IT、汽车及新能源三大产业群的高新技术企业。

比亚迪在广东、北京、陕西、上海、天津等地建有九大生产基地，并在美国、日本、韩国、印度等国和中国台湾、中国香港地区设有分公司或办事处，实现了全球六大洲的战略布局，员工总数超过 20 万人。

当前，比亚迪足迹遍布全球 6 大洲、50 多个国家和地区、300 多个城市，在世界范围内实现了全天候无间断运行，已经成为中国新能源汽车出海的一张名片，

4. 奇瑞汽车

奇瑞汽车股份有限公司成立于 1997 年，在芜湖、大连、鄂尔多斯、常熟，以及在巴西、伊朗、俄罗斯等国共建有 14 个生产基地，产品出口海外 80 多个国家和地区。截至目前，公司累计销量已超过 750 万辆，其中累计出口超过 150 万辆，连续 16 年保持中国乘用车出口领先地位。

奇瑞是我国率先将整车、CKD[①]、发动机，以及整车制造技术和装备出口至国外的轿车企业。如今的奇瑞深入推进全球化布局，通过实施产品战略、属地化战略和人才战略不断加深海外市场的深层次合作，正在努力把奇瑞汽车打造成为具有全球影响力的国际品牌。

5. 东风汽车

东风汽车集团有限公司是中央直管的特大型汽车企业，始建于 1969 年，现有员工 16.6 万名，产销规模超过 420 万辆，位居国内汽车行业第二位、世界 500 强第 65 位。

---

① CKD 是 Completely Knock Down 的缩写，是指通过进口或出口所有零部件然后在目的地组装成整车或整机进行销售的一种贸易形式。这种形式一则可以降低关税，二则可以带动目的地就业，比较受进口国的欢迎。

公司主要业务涵盖全系列乘用车与商用车、新能源汽车、关键总成、汽车零部件、汽车装备等。在瑞典建有海外研发基地，在中东、东南亚等区域建有海外制造基地，在南美、东欧、西亚等区域建有海外营销平台，销售收入超过6000亿元，形成了全球性的事业布局，海外市场遍及全球100多个国家和地区。

6. 长安汽车

长安汽车是中国汽车四大集团阵营企业，在全球范围内拥有16个生产基地、35个整车及发动机工厂，拥有来自全球18个国家的工程技术人员1.2万人，分别在重庆、北京、河北、合肥，以及意大利都灵、日本横滨、英国伯明翰、美国底特律和德国慕尼黑建立起了“六国九地”的全球协同研发格局。

当前，长安汽车正在以打造世界一流汽车企业为目标，以创新为驱动，将长安汽车打造成为具有国际竞争力的中国品牌。

7. 上海汽车

上海汽车集团股份有限公司（以下简称上汽集团）是国内A股市场最大的汽车上市公司，业务范围涵盖整车（含乘用车、商用车）的研发、生产和销售，零部件的研发、生产和销售，以及物流、汽车电商、出行服务、节能和充电服务等多个领域。

2018年，上汽集团全年销售整车705.17万辆，成为中国率先年销量突破700万辆大关的汽车集团，国内市场占有率达到24.1%。2019年7月，上汽集团第十五次入选《财富》杂志世界500强，排名第39位。

放眼未来，上汽集团正在朝着“全球布局、跨国经营，具有国际竞争力和品牌影响力的世界著名汽车公司”的目标大步前行。

8. 北京汽车

北京汽车集团有限公司（以下简称北汽集团）成立于1958年，是一家业务范围涵盖整车及零部件研发与制造、汽车服务贸易、综合出行服务等领域的国有大型汽车企业集团，位列2019年《财富》世界500强第129位。

北汽集团旗下拥有北京汽车、北汽越野车、昌河汽车、北汽新能源、北汽福田等知名企业与研发机构。研发体系布局全球五国七地，在30多个国家和地区建立了整车及KD工厂，市场遍布全球80余个国家和地区。

北汽集团在行业中率先布局新能源汽车业务，2017年销量在全球纯电动乘用车市场中名列前茅，率先组建了汽车行业的国家技术创新中心，并发布了聚焦“保护、优化、解放、个性、和谐”到2022年实现智能网联汽车国内领先、世界一流的“海豚+”战略。

五、日化品牌

1. 上海家化

上海家化联合股份有限公司（以下简称上海家化）是中国日化行业历史最悠久的民族企业之一，专注于美容护肤、个人护理、家居护理三大领域。

上海家化旗下的双妹品牌曾广受民国名媛的欢迎，代表中国赢得了国际至高的荣誉；佰草集品牌充分运用平衡之道，将中华文化融于现代科技，通过了严苛的欧盟认证，成功进入法国、荷兰、西班牙、意大利、德国等国家市场，传递了东方美的国际范儿。

2. 隆力奇

隆力奇始创于1986年，是一家在日化保健产业内多元化发展的大型企业集团，富有创新性的国际化生物科技公司，在全球成立了九大研发机构，其中包括位于海外的隆力奇（日本）美健创新中心、隆力奇（美国）保健化妆品研究院、隆力奇（法国）研发中心。

30多年来，隆力奇先后在尼日利亚、马来西亚、泰国、菲律宾、印度尼西亚、喀麦隆、俄罗斯、韩国、美国等近50个国家和地区设立了分公司和办事处，产品远销全球60多个国家和地区。

近年来，隆力奇国际市场增长尤为迅速，发展了近20万名经销商，并先后在183个国家或地区注册了“LONGLIQI”和“LONGRICH”商标，以及获得国外授权专利多件。

3. 植物医生

植物医生创立于1994年，率先开创中国高山植物护肤品牌，是拥有国家级科研团队助力的国产护肤品牌，在日本建立了“汉方护肤科学研究中心”，并开设了品牌专卖店。

20多年的潜心耕耘，植物医生收获全球会员超过700万人次，并接连斩获各项科技大奖，实力口碑双丰收，在国内外市场形成了极大的竞争优势，在国际舞台上绽放着中国护肤品牌的傲人风采。

4. 金王

青岛金王集团有限公司（以下简称金王）创立于 1993 年，业务范围涵盖蜡烛、香薰及其制品、化妆品等多个板块，是全球香薰、蜡烛研发生产领先企业，是日用消费品蜡烛行业中全球第三家上市公司，是亚洲同行业规模最大、综合实力最强的时尚家居用品生产商之一。

公司 95% 以上的产品出口海外。就销售额而言，金王已经在世界蜡烛制造商中排名第三。在欧美，金王的销售量相当于平均每 4 个家庭中，就有一个家庭在使用金王的产品。

金王已经在全球 26 个国家注册了 KingKing 商标，累计在全球申请专利 1800 多项，产品畅销世界 50 多个国家和地区，是美国沃尔玛、瑞典宜家家居及法国家乐福等 26 家世界 500 强企业在日用消费蜡烛类产品领域最主要的供应商，并连续多年被沃尔玛评为“全球最佳供应商”，是自主品牌中率先在沃尔玛拥有专柜的中国企业。其国际领先的研发中心，先后被瑞典宜家家居、瑞士 SCS 授权为蜡烛产品标准检测机构。

金王的销售网络遍布全球所有发达国家，与公司拥有业务往来的 1500 多家客户分布在全球 110 多个国家与地区。

六、旅游服务品牌

1. 锦江国际

锦江国际集团是中国规模最大的综合性酒店旅游企业集团之一，拥有酒店、旅游、客运三大核心主业，控股“锦江酒店”“锦江股份”“锦江投资”和“锦江旅游”4 家上市公司。

截至 2019 年年底，集团投资和管理的酒店多达 12000 多家、客房数 130 多万间（套），拥有“J”“岩花园”“锦江”“昆仑”“丽笙 Radisson”“郁锦香 Golden Tulip”“锦江都城”“康铂 Campanile”“丽枫”“维也纳”等高、中端及经济型品牌 40 余个，分布中国 31 个省（直辖市、自治区）和世界 120 多个国家，会员超过 1.5 亿，跻身全球酒店集团 300 强前 2 位。

2. 中国南方航空

中国南方航空股份有限公司（以下简称南航）是中国运输飞机最多、航线网络最发达、年客运量最大的航空公司之一，拥有 16 家分公司、22 个国内营业部和 69 个国外办事处。

南航致力于建设具有中国特色的世界一流航空运输企业，是全球首批运营空客 A380 的航空公司，机队规模居世界第三。

目前，南航每天有 3000 多个航班飞至全球 40 多个国家和地区、224 个目的地，航线网络 1000 多条，提供座位数超过 50 万个。

在英国独立品牌评估与咨询公司 Brand Finance 发布的“2017 年全球最有价值航空公司品牌 50 强”排行榜中，南航位列第六名，获得 AAA 品牌评级。

3. 携程

携程旅行网创立于 1999 年，总部设在中国上海，在北京、广州、深圳等 95 个境内城市，新加坡、韩国等 22 个海外国家设立了分支机构，在中国南通、英国爱丁堡、韩国首尔、日本东京设立客户服务中心。

2016 年 1 月，携程战略投资印度最大旅游企业 MakeMyTrip，并在新加坡成立了东南亚区域总部。同年 11 月，携程投资英国机票搜索平台 Skyscanner（天巡），完成了对海外机票市场的布局。2017 年 11 月，携程完成对美国互联网旅游服务公司 Gogobot 的收购，获得了该公司旗下社交旅游网站 Trip.com 的所有权。

截至 2018 年 9 月 30 日，携程过去 12 个月的总交易额（GMV）达到了 6900 亿元，首次超越美国在线旅游公司亿客行（Expedia）。

七、文化传媒品牌

1. 阿里影业

阿里巴巴影业集团（简称阿里影业）是一家以创造快乐、成就梦想为使命的互联网影视公司，是以互联网为核心驱动，拥有粉丝运营、投融资、内容生产制作、宣传发行和院线服务平台的全产业链娱乐平台。

集团核心业务涵盖内容制作、互联网宣传发行、娱乐电商和国际化四大板块，即以 IP（知识产权）为核心的电影制片业务及以优质电视剧为主导的电视运营业务，互联网与传统线下发行相结合的宣传发行业务，依托阿里巴巴集团生态体系延伸出的娱乐电子商务平台，以及整合全球资源、技术和人才并直接参与国际娱乐项目的国际业务。

2. 东方梦工厂

东方梦工厂是一家总部位于上海的家庭娱乐跨国公司，是华人文化集团公司（CMC Inc.）成员企业，业务涵盖动画电影制作、版权运营、衍生业务（消费品、联合推广、互动娱乐、实体娱乐）和数字内容等多个领域，致力于为中国及全球观众创造世界级的家庭娱乐内容。

公司曾和梦工场动画率先联合制作中美合拍动画电影《功夫熊猫 3》，该片全球票房收入超过 5 亿美元，在国内票房超过 10 亿元，是中国最卖座的动画电影之一。

公司的首部原创动画电影《雪人奇缘》（Abominable）于 2019 年 9 月起在全球超过 65 个国家和地区的主流院线上映；第二部原创作品 Over the Moon（暂译：奔月）由传奇动画大师、奥斯卡金像奖获奖导演格兰·基恩（Glen Keane）执导，于 2020 年下半年在中国院线及通过 Netflix 与全球观众见面。

3. 中南卡通

浙江中南卡通股份有限公司成立于 2003 年，是国内最大的原创动画公司之一，是国家文化出口重点企业、十大最具影响力国家文化产业示范基地之一。

公司已原创 22 大题材、59 部、近 13 万分钟的精品动画，其中原创动画片《天眼》《魔幻仙踪》《乐比悠悠》《郑和下西洋》等先后获得国家精神文明建设“五个一工程”奖、国家动画精品一等奖、国产优秀动画片等各类国内国际奖项 180 余项，先后在国内 400 多家电视台及新媒体热播，并进入了世界 93 个国家和地区的播映系统，影视动画出口稳居全国前列。

4. 蓝海电视

蓝海电视（Blue Ocean Network，简称 BON）是一个新创立的英文电视媒体，它以面向西方主流社会、传播中国内容、西方表达方式、民间商业媒体为特色，开创了中国对外传播的新模式，是一个专注于向世界传播中国内容的视频全媒体。

蓝海电视旗下拥有英文电视频道 BON TV、中国内容发行平台 BON CP，以及英文原创内容制作机构 BON Productions，将传统电视媒体与新兴媒体结合，采取“电视台 + 视频通讯社 + 手机 + 网络新媒体”，以及 APP 客户端下载播出、互动点播，社交媒体，碎片化播出等多方位组合的传播模式，实现立体化、规模化、持续性、高效率、低成本的传播。

蓝海电视于 2009 年在美国纽约开播，并逐步向美国其他城市扩大落地范围，最终形成全美联网。随后，又逐步向其他国家和地区扩展，并致力于最终形成一个全球联网的国际媒体。

八、信息技术品牌

1. 阿里巴巴

阿里巴巴集团创立于 1999 年，业务范围包括领先业界的批发平台和零售平台，以及云计算、数字媒体和娱乐及创新项目和其他业务，现已成为网上及移动商务的全球领先者。

2014 年 9 月 19 日，阿里巴巴在纽约证券交易所正式挂牌上市。2019 年 10 月，2019 福布斯全球数字经济 100 强和《财富》未来 50 强榜单公布，阿里巴巴分别位列第 10 位和第 11 位。2019 年 11 月 16 日，胡润研究院发布《2019 胡润全球独角兽活跃投资机构百强榜》，阿里巴巴排名第 7 位。2019 年 11 月 26 日，阿里巴巴在香港联合交易所上市，总市值超 4 万亿港币，成为港股“新股王”。

2. 腾讯

腾讯创立于 1998 年，是中国最大的互联网综合服务提供商之一，也是中国服务用户最多的互联网企业之一。

腾讯旗下的微信支付在世界上获得广泛应用，有 49 个国家和地区的 16 种货币支持微信支付。截至目前，微信支付的月度活跃用户已经超过 10 亿。

2004 年 6 月，腾讯在我国香港联合交易所主板上市。2018 年 12 月，世界品牌实验室编制的《2018 世界品牌 500 强》揭晓，腾讯排名第 39 位。2019 年 7 月，《财富》杂志发布 2019 世界 500 强榜单，腾讯位列 237 位。2019 年 10 月，2019 福布斯全球数字经济 100 强榜单发布，腾讯位列第 14 位。2019 年 10 月 23 日，2019《财富》未来 50 强榜单公布，腾讯排名第 12 位。

九、餐饮服务品牌

天津狗不理集团股份有限公司以餐饮业为主业，兼营速冻食品、特色定型包装食品开发、销售，并在长期的生产经营中创立了以“狗不理”商标为核心的“狗不理”品牌体系。

“狗不理”品牌创始于 1847 年前后。1831 年（清道光十一年），“狗不理包子”创始人高贵友出生于直隶武清县下朱庄（现天津市武清区）。因其父四十得子，为求平安养子，为其取乳名曰“狗子”，期望他能像小狗一样好养活。高贵友 14 岁时，到天津南运河边上的刘家蒸吃铺做小伙计。三年满师后，高贵友独自开了一家专营包子的小吃铺——“德聚号”。由于高贵友手艺好，做事认真，制作的包子色香味形都独具特色，来吃包子的人越来越多，高贵友忙得顾不上跟顾客说话。这样一来，吃包子的人都戏称他“狗子卖包子，不理人”。久而久之，人们喊顺了嘴，都叫他“狗不理”，把他所经营的包子称作“狗不理包子”，而原店铺字号却渐渐被人们淡忘了。

集团始终牢记“让‘狗不理包子’这一发酵、蒸制食品为人类的营养健康作贡献”的使命，获得了国内外政府和餐饮业权威机构授予的数十项极高规格的荣誉称号和奖项。狗不理速冻食品包括包子、饺子、面点、酱制品四大系列100多个品种，行销全国26个省、直辖市、自治区的近百个城市，并远销日本、美国、英国等国家，成为消费者方便快捷的家庭食品。

目前，“狗不理”商标已在10余项国际分类中注册，服务商标于1999年被国家工商行政管理总局商标局认定为“中国驰名商标”，并于2009年被认定为最具市场潜力的服务商标，具有极高的商业价值和发展潜力。

附录二　相关品牌推广平台简介

一、展会类平台

1. 广交会

广交会（Canton Fair）即广州交易会，全称中国进出口商品交易会（The China Import and Export Fair），创办于 1957 年，由商务部和广东省人民政府联合主办，中国对外贸易中心承办，每年春秋两季在广州举办，是中国目前历史最长、层次最高、规模最大、商品种类最全、到会采购商最多且分布国别地区最广、成交效果最好的综合性国际贸易盛会，被誉为“中国第一展”。

广交会是中国企业开拓国际市场的优质平台，是中国外贸的晴雨表和风向标，是中国对外开放的窗口、缩影和标志。目前，每届广交会展览规模达 118.5 万平方米，境内外参展企业近 2.5 万家，210 多个国家和地区的约 20 万名境外采购商与会。

2. 东博会

东博会（CAEXPO）全称中国—东盟博览会（CHINA-ASEAN Exposition），是中国和东盟 10 国政府经贸主管部门及东盟秘书处共同主办、广西承办的国际经贸盛会，创始于 2004 年，每年举行一次。

东博会下设农业展、轻工展、动漫游戏展、文化展、林产品及木制品展、金融展、旅游展和境外展系列展会，其中境外展目前包括缅甸展、印度尼西亚展、越南机电展和柬埔寨展4个展会。

2014年2月，国家将东博会确定为“具有特殊国际影响力”“国家层面举办的重点涉外论坛和展会”，成为三个国家一类展会之一。

3. 国际消费类电子产品展览会

国际消费类电子产品展览会（International Consumer Electronics Show，简称CES）由美国电子消费品制造商协会（简称CEA）主办，始创于1967年，旨在促进尖端电子技术和现代生活的紧密结合。

该展会每年一月在世界著名赌城——美国拉斯维加斯举办，是世界上规模最大、影响最为广泛的消费类电子技术年展，也是全球最大的消费电子技术产业盛会。

该展会专业性强，贸易效果好，在世界上享有相当高的知名度。历年的展会都云集了当时最优秀的传统消费类电子厂商和IT核心厂商，他们带来了最先进的技术理念和产品，吸引了众多的高新技术设备爱好者、使用者及业界观众。

4. 柏林国际电子消费品展览会

柏林国际电子消费品展览会（International Funk Ausstellung Berlin，缩写IFA），由德国娱乐和通讯电子工业协会（简称GFU）和柏林国际展览有限公司（英文名MESSE BERLIN GMBH）联合主办，创始于1924年，每年举办一次，举办时间为9月上旬。

该展会是欧洲消费类电子产品的采购商、批发商、零售商了解和采购该领域商品的重要市场，同时也是世界各国消费类电子产品生产商、贸易商聚集和展示新产品、新技术最主要的场地。

5. 汉诺威工业展

汉诺威工业博览会（Hannover Messe）简称汉诺威工业展，始创于 1947 年 8 月，由德国汉诺威展览公司主办，包括自动化及动力传动展、能源展、工业零部件与分承包技术展、数字化工厂展、研究与技术展五大主题展会，是当今世界上规模最大的国际工业盛会。

作为世界领先的工业技术展会，汉诺威工业博览会每年吸引着全球各地的政治和商业领袖们齐聚一堂。有越来越多的亚洲、美洲及非洲客户不远万里前来洽谈，使博览会成为一个真正的全球性的盛会，并被认为全世界技术领域和商业领域的重要国际活动。

6. 中国制冷展

中国制冷展全称中国国际制冷、空调、供暖、通风及食品冷冻加工展览会，始创于 1987 年，由中国国际贸易促进委员会北京市分会、中国制冷学会、中国制冷空调工业协会共同主办，拥有国际展览业协会（UFI）和美国商务部（US FCS）两项国际认证。展会每年举办一次，举办地在北京、上海、广州三地之间轮换。

自创办以来，中国制冷展始终致力于在全球范围内拓展终端用户和专业买家群体，合作伙伴遍及全球，为制冷行业提供了一个高品质的展示交流场所和全球专业贸易采购平台，每年都吸引超过来自 100 多个国家和地区的超过 6 万名专业观众和买家前来参展。

当前，中国制冷展已经呈现出极强的品牌集聚效应，形成了以展览展示为基础、以高端论坛会议为载体、以网络电子通信手段为补充的多元化宣传展示平台，并将产、学、研、用、管、媒紧密融合为一体。

7. 法国戛纳电视节

戛纳电视节（MIP）是法国戛纳国际电影节电视频道的官方活动，也是世界最大、最著名、也最有影响力的视听与数字内容交易会，每年都会有来自 100 多个国家和地区的电视精英参加。

戛纳电视节包括戛纳春季电视片交易会（MIPTV）、戛纳春季纪录片交易会（MIPDOC）、戛纳秋季影视片交易会（MIPCOM）、戛纳秋季青少年节目交易会（MIPCOM JUNIOR）4 个组成部分，参展内容涵盖电视剧、电影、纪录片、节目模式、综艺节目、动画片等所有节目类型。从 2004 年起，中国已经连续 10 年在戛纳电视节上以联合展台的形式亮相。

戛纳国际电影节创立于 1946 年，是当今世界最具影响力、最著名的国际电影节之一。与柏林国际电影节、威尼斯国际电影节并称为欧洲三大国际电影节（世界三大国际电影节），最高奖为“金棕榈奖”。

8. 山东商品大阪展

山东商品大阪展全称中国山东出口商品（日本大阪）展览会，始办于 1994 年，是目前山东省在日本举办的规模最大的经贸活动。经过多年培育，该展会已经成为山东省企业开拓日本市场的重要平台。

山东商品大阪展是连接山东与日本的一个桥梁，不但让日本工商界了解山东企业和山东出口商品，为山东商品走向日本市场搭建了重要平台，同时也展示了山东改革开放、经济发展的良好形象。

从 2014 年起，大阪展同期举办“孔子家乡山东文化贸易展”，推动山东省文化企业、产品与服务“走出去”。展品主要有纺织、服装、日用消费品、文化产品四大类。

9. 国际汽车博览会

国际汽车博览会俗称法兰克福国际车展，创办于 1897 年，由德国汽车工业协会主办，是世界最早举办的国际车展，也是世界规模最大的车展，有世界汽车工业“奥运会”之称。展会每两年举办一次，举办地点自创办以来一直固定在德国法兰克福，举办时间一般在 9 月中旬。参展的商家主要来自欧洲及美国和日本，尤其以欧洲汽车商居多。

法兰克福车展作为世界著名车展，历来以科技性和专业性著称，是全球各大车企发布战略性产品的重要舞台。

值得注意的是，根据《界面新闻》2020 年 2 月 15 日的报道，自 2021 年起，国际汽车博览会将不再在法兰克福举办，新的举办地点将在德国的柏林、慕尼黑与汉堡这三座城市之间产生。

10. 世界客车博览会

世界客车博览会是由世界客车联盟组织的专业客车工业博览会，1971 年创办于比利时的 Kortrijk（科特赖克）小镇（距离比利时首都布鲁塞尔约 100 千米），是目前全球规模最大，历史最久远的专业客车展。

该展会把世界客车制造与应用产业连接起来，让客车制造商、零部件供应商和客车用户都有机会全面了解客车制造与应用的趋势，同时也在全球范围内引导客车新技术、新趋势不断发展。

目前，该展会已经成为欧洲乃至全球客车市场争夺的主要阵地。越来越多具有战略眼光的国内整车及零部件企业正在通过该展会获取欧洲订单。

11. 东盟车展

东盟车展由马来西亚汽车协会 (MAI) 与马来西亚新海峡时报 (NST) 联合创立于 2015 年，每年 11 月份举办，是东南亚地区重量级汽车展会。每届展会都吸引超过 150 家来自东盟各国乃至世界范围内的整车、零部件经销商和分销商参展。

12. 印度国际车展

印度国际车展全称印度新德里国际汽车配件展览会（AUTO EXPO），创办于 1986 年，由印度汽车制造协会 (SIAM)、印度汽车工业联合会 (CII) 与汽车零部件制造商协会 (ACMA) 联合主办，举办周期为两年一届，现已发展成为印度最大的汽车类展会。

该展会的展出面积达到 65500 平方米，加拿大、中国、法国、德国、意大利、日本等 10 多个国家在展会现场设有独立展馆。

13. 纽约时装周

纽约时装周（New York Fashion Week）创建于 1943 年，

由 IMG Fashion 公司主办，与巴黎、米兰、伦敦时装周并称全球四大时装周，每年举办两次，2 月份举办当年秋冬时装周，9 月份举办次年的春夏时装周。

每年在纽约举办的国际时装周，在时装界拥有着至高无上的地位，名设计师、名牌、明模、明星和各种服饰共同交织出一场奢华的时尚盛会。

14. 加拿大国际服装展

加拿大多伦多服装展览会（Apparel Textile Sourcing Canada）是由加拿大服装联盟、美国 JPC 公司举办的国际性服装展览会，举办地点是加拿大多伦多国际中心（Toronto International Centre），展会面积 2 万多平方米，每年举办一届，是纺织服装类企业打开加拿大市场的一个非常重要的平台。该展会每年都会吸引来自世界各地的 500 多家企业参展，客商数量达到 5000 多人。

该展会是专业的 B2B 贸易展，仅对业内人士开放，非业内人士及未满 18 周岁人士谢绝参观。现场也不提供任何零售活动。

15. 青岛国际啤酒节

青岛国际啤酒节始创于 1991 年，由国家有关部委和青岛市人民政府共同主办，是融旅游、文化、体育、经贸于一体的国家级大型节庆活动，是享誉世界的啤酒盛会。

青岛国际啤酒节于每年的 7 月末至 8 月初在著名国际旅游城市青岛市举办，由开幕式、啤酒品饮、文艺晚会、艺术巡游、文体娱乐、饮酒大赛、旅游休闲、经贸展览、闭幕式晚会等活动组成。每年都吸引20多个世界知名啤酒厂商参加，美国百威、丹麦嘉士伯、德国柏龙、德国贝克、英国纽卡索、日本朝日等世界知名啤酒均在其中，也引来近300万海内外游客举杯相聚。

每年的啤酒节，都会有几十家世界知名媒体到现场报道开幕式盛况。近些年来，随着互联网的日益崛起，啤酒节的盛况也随着互联网的触角传播到世界各个角落，在促进啤酒品牌的传播方面发挥了积极而重要的作用。

16. 柏林国际旅游交易会

柏林国际旅游交易会（Internationale Tourismus-Boerse，简称 ITB Berlin）创始于 1966 年，由德国柏林旅游局主办，举办时间为每年的 3 月份，是世界上规模最大的旅游业综合性展会之一，被誉为旅游业的“奥林匹克”。

随着世界旅游业的发展，近年来，每届 ITB Berlin 都会吸引全球近 200 个国家和地区的 10000 多家参展商，以及近 20 万专业买家和观众参加。每年有超过 60 亿欧元的合作交易在 ITB Berlin 期间达成，拥有采购决策权的买家占比之高更是突显了展会的价值所在。

17. 世界博览会

世界博览会（简称世博会）是一项由主办国政府组织或政府委托有关部门举办的有较大影响和悠久历史的国际性博览活动。参展者向世界各国展示当代的文化、科技和产业上正面影响各种生活范畴的成果。

1851 年由英国政府举办的万国工业博览会是全世界第一场世界博览会。1915 年由美国政府举办的“1915 年巴拿

马 - 太平洋国际博览会”(The 1915 Panama Pacific International Exposition) 展期长达九个半月，是历史上历时最长的世界博览会。2010 年由中国政府在上海举办的第 41 届世界博览会共有超过 7300 万海内外游客参观，是历史上参观人数最多的世界博览会。

国际展览局（BIE）是专门负责世博会的举办并保证世博会水平的政府间国际组织，截至目前，共有 196 个成员，各拥有一票的选举权。在投票中，如果某候选国家城市获得 2/3 以上的选票，该城市就会成为下一届世博会的举办城市。

二、连锁零售平台

1. 沃尔玛

沃尔玛（WalMart）由美国零售业的传奇人物山姆·沃尔顿于 1962 年在美国阿肯色州创立，现已发展成为世界最大的私人雇主和连锁零售商，多次荣登《财富》杂志世界 500 强榜首及当选最具价值品牌。

沃尔玛拥有分布在 27 个国家 58 个品牌下的 11300 多家分店及电子商务网站，每周顾客流量高达 2.75 亿人次，拥有员工总数超 220 万名，2019 财年营收达到 5144 亿美元。

中国纺织品品牌亚光家纺、日化品牌金王均通过成为沃尔玛的供应商成功地把自己的品牌推向了世界各国。

2. 家乐福

家乐福（Carrefour）成立于 1959 年，总部位于法国布洛涅 - 比扬古，是大卖场业态的首创者、欧洲第一大零售商、世界第二大国际化连锁零售集团，现拥有 11000 多家营运零售单位，业务范围遍及世界30个国家和地区。Carrefour是家乐福的法文名称，意思是“十字路口”。

家乐福以大型超市、超市及折扣店三种主要业态引领市场。此外，家乐福还在一些国家发展了便利店和会员制量贩店。

中国日化品牌金王通过家乐福走向了世界各国。

3. 麦德龙

麦德龙股份公司（Metro AG），俗称麦德龙超市，创建于1964年，是德国最大、欧洲第二、世界第三的零售批发超市集团，在麦德龙和万客隆（仅限欧洲）两个品牌下拥有多家“现购自运”商场，是《财富》世界500强之一，分店遍布32个国家，门店数量超过2100家。

“现购自运”是指专业顾客在仓储式商场内自选商品，以现金支付并取走商品。与传统的送货批发相比，现购自运的优势在于较高的性价比，即时获得商品，更长的营业时间。商场提供17000种以上食品，30000种以上非食品。麦德龙的目标顾客包括餐饮业、酒店业、食品、非食品贸易服务商及机构采购者，他们可以在这里找到大包装以满足特殊需求。

中国日化品牌金王通过麦德龙超市走向了世界各国。

4. 丝芙兰

丝芙兰（Sephora）创立于1969年，创立地点为法国里摩日，隶属于全球第一奢侈品牌公司法国酩悦·轩尼诗—路易·威登集团（LVMH），是全球化妆品零售权威，在全球拥有遍布巴黎、米兰、罗马等超过28个国家的国际化都市中的1600多家门店，仅在欧洲就设有420家连锁店，其中在法国的183家，经销的产品都是国际主流的一二线品牌和有独特价值的产品，包括迪奥、雅诗兰黛、倩碧等品牌。

丝芙兰是圣经故事中摩西妻子的名字，她是一位集美丽、智慧、勇敢和慷慨于一身的年轻女性，象征着高雅、快乐和自由。这与时尚和富有创意的化妆品专卖店的经营理念极为吻合。

中国化妆品品牌佰草集借助丝芙兰的零售渠道进入了世界上进入难度最高的化妆品市场——法国化妆品市场。

5. 道格拉斯

道格拉斯控股有限公司（Douglas Holding）是一家总部位于德国哈根的香水和化妆品零售商，在德国、奥地利、荷兰等 19 个欧洲国家开设了 1900 多家商店和特许经营店铺，销售 35000 多种产品。

中国化妆品品牌佰草集借助道格拉斯的零售渠道进入了包括德国市场在内的欧洲化妆品市场。

6. 森宝利

森宝利全称 J・森宝利公共有限公司（J Sainsbury plc.，常称 Sainsbury's，或简称 JS），总部位于英国伦敦，是英国第二大连锁超市公司，占 16.6% 的英国市场份额。

1869 年，森宝利由约翰・詹姆斯・森宝利和其妻子玛丽・安・森宝利创立于英国伦敦。1922 年，成为英国最大的食品杂货店，是英国自助式购物的先驱。

森宝利经营各种商店形式，包括便利店和超市。还涉及在线杂货和一般商品业务，并提供家居、服装、玩具、电气和技术产品，以及忠诚度计划和能源解决方案。

中国日化品牌金王借助森宝利进入了英国市场。

7. 卡慕酒业

卡慕酒业创始于 1863 年，是全球第五大干邑[①]酿造商，由现任第五代家族传人西里尔·卡慕（Cyril Camus）独立拥有。卡慕家族传承多年的品牌价值“Living Tradition”（经典生活），确保每一瓶干邑皆品质超卓。

卡慕酒业拥有的分销网络覆盖了全球 140 多个国家，近乎每 11 秒就会有一瓶优质的卡慕干邑被作为藏品鉴赏。

中国白酒品牌茅台通过卡慕酒业的分销网络走向了全球。

三、电商平台

1. 全球速卖通

全球速卖通（AliExpress）是阿里巴巴为帮助中国供应商（生产厂、国际贸易公司等中小企业）对接国际中小采购商（终端零售商）及普通消费者、小批量多批次快速销售而全力打造的融合订单、支付、物流于一体的外贸在线交易平台，正式上线于 2010 年 4 月，是阿里巴巴旗下唯一面向全球市场打造的在线交易平台，被广大卖家称为“国际版淘宝”。

---

① 干邑（Cognac）是一种法国葡萄酒的名称，因原产于法国干邑地区而得名。Cognac 本是法国西南部夏朗德省（Charentes）一个市镇的名字，由于此地出产的葡萄蒸馏酒甚是有名，久而久之人们就直接拿 Cognac 来作酒名使用了。“干邑”是 Cognac 的中文音译，其发音相较于普通话与粤语更接近，推测最早是由香港人或广东人翻译过来的。像“干邑”这样同时具备地理名称与地域特产双重属性的名字在法国类似的还有“香槟（Champagne）”，在中国有诸如“茅台（酒）”“龙井（茶）”等。

全球速卖通通过支付宝国际账户进行担保交易，并使用国际快递发货，是全球第三大英文在线购物网站。截至目前，全球速卖通已经覆盖 220 多个国家和地区，交易商品覆盖服装服饰、3C、家居、饰品等共 30 个一级行业类目，其中优势行业主要包括服装服饰、消费电子、美容健康、家居、汽车摩托车配件等，海外买家流量超过 5000 万 / 日，交易额年增长速度持续超过 400%。

中国的纺织服装品牌波司登通过全球速卖通成功进入俄罗斯市场，李宁通过全球速卖通成功进入智利市场。

2. 天猫海外

天猫海外也称天猫出海，是阿里巴巴旗下的一个主要面向海外华人消费者的在线交易平台，诞生于 2016 年 9 月。

天猫海外的前身是淘宝海外，但如今已经拥有多元化业务场景，除了快速增长的淘宝平台，Lazada 和 Paytm Mall 等覆盖东南亚和印度当地市场的电商平台也加入阵营，成为天猫海外最具潜力的业务板块之一。

目前，天猫海外已经有 14 万天猫商家、上百万淘宝商家、12 亿海量商品服务全球超过 200 多个国家和地区，服务对象是全球近 1 亿海外华人。

天猫海外与全球速卖通的区别在于：天猫海外的服务对象是华人，网站是中文界面；全球速卖通的服务对象是外国人，包括外国的中小零售商和普通消费者，网站是外文界面。

中国服装品牌波司登通过天猫出海平台成功进入了澳大利亚市场。

附录三　相关目标市场简介

一、亚洲市场

1. 日本

日本全称日本国（Japan），位于亚洲东部、太平洋西岸，是一个由东北向西南延伸的弧形岛国，陆地国土面积约 37.8 万平方千米，人口约 1.3 亿，主要民族为大和族。日本是世界第三经济大国，2018 年国内生产总值（GDP）约 4.97 万亿美元，人均 39287 美元。

日本的森林覆盖率约 67%，是世界上森林覆盖率最高的国家之一。但日本的木材自给率仅为 20% 左右，是世界上进口木材最多的国家。日本自然资源贫乏，90% 以上依赖进口，其中石油完全依靠进口。

中国的纺织服装品牌海澜之家在日本开设有品牌专卖店，消费电子品牌美的在日本建有海外研发中心，日化品牌植物医生在日本设有品牌专卖店和护肤科学研究中心，旅游服务品牌携程在日本东京建有分公司和海外呼叫中心。

2. 韩国

韩国全称大韩民国（Republic of Korea），位于亚洲大陆东北部朝鲜半岛南半部，国土面积为 10.329 万平方千米，人口数量约 5200 万，居民全部为大韩民族（朝鲜族），通用韩国语，50% 左右的人口信奉佛教、基督教、天主教等宗教。

20 世纪 60 年代，韩国经济开始起步。20 世纪 70 年代以来，持续高速增长，人均国民生产总值从 1962 年的 87 美元增至 1996 年的 10548 美元，创造了“汉江奇迹”。2018 年实现国内生产总值 1.54 万亿美元，人均国内生产总值 2.96 万美元。

中国日化品牌隆力奇在韩国设有分公司，旅游服务品牌携程在韩国首尔建有海外呼叫中心。

3. 马来西亚

马来西亚（Malaysia）位于东南亚，国土面积约 33 万平方千米，人口 3266 万，其中马来人 69.1%，华人 23%，印度人 6.9%，其他种族 1.0%。

马来西亚的官方语言为马来语，通用语为英语，华语使用较广泛。

马来西亚是相对开放的以国家利益为导向的新兴工业化经济体，2018 年实现国内生产总值 3543.48 亿美元，人均国内生产总值 11239 美元。

中国的纺织服装品牌海澜之家在马来西亚开设有多家品牌专卖店，岱银集团在马来西亚建有分公司和纱线生产基地，信息技术品牌阿里巴巴在马来西亚首都吉隆坡设有办公室。

4. 新加坡

新加坡全称新加坡共和国（Republic of Singapore），位于马来半岛南端、马六甲海峡出入口，是一个热带城市国家。

新加坡的国土面积为 724.4 平方千米，总人口 564 万，其中公民和永久居民 399 万（华人占 74% 左右），其余为马来人、印度人和其他种族。马来语为国语，英语、华语、马来语、泰米尔语为官方语言，英语为行政用语。

新加坡的经济属于外贸驱动型经济，以电子、石油化工、金融、航运、服务业为主，高度依赖中国、美国、日本及欧洲和周边市场，2018 年实现国内生产总值 3610 亿美元，人均国内生产总值 6.4 万美元。

中国的纺织服装品牌海澜之家在新加坡开设有品牌专卖店，消费电子品牌美的在新加坡建有海外研发中心。

5. 泰国

泰国，全称泰王国（The Kingdom of Thailand），位于中南半岛中南部，国土面积 51.3 万平方千米，人口 6900 万，共有 30 多个民族。泰族为主要民族，占人口总数的 40%。泰国的官方语言为泰语。

泰国实行自由经济政策，属外向型经济，依赖中国、美国、日本等外部市场。同时，泰国是一个传统的农业国，是世界最大的天然橡胶出口国。2018 年实现国内生产总值 5049.93 亿美元，人均国内生产总值 7274 美元。

中国的纺织服装品牌海澜之家在泰国开设有品牌专卖店，消费电子品牌长虹在泰国建有代表处，食品饮料品牌青岛啤酒在泰国设有合资公司和生产工厂。

6. 越南

越南全称越南社会主义共和国（Socialist Republic of Vietnam），位于中南半岛东部，国土面积 329556 平方千米，人口 9620 万（2019 年 4 月），有 54 个民族，京族占总人口 85.3%。主要语言为越南语（官方语言、通用语言、主要民族语言）。

越南是发展中国家，自从 1986 年开始实行革新开放以来，经济保持较快增长，经济总量不断扩大，基本形成了以国有经济为主导、多种经济成分共同发展的格局。2018 年实现国内生产总值 2448 亿美元，人均国内生产总值 2587 美元。

中国纺织服装品牌华孚时尚在越南建有子公司、研发中心和新型纱线生产基地，华纺股份在越南建有高档服装面料（染整）生产基地和纺织产业链智能化研发中心。

7. 菲律宾

菲律宾全称菲律宾共和国（Republic of the Philippines），位于亚洲东南部，是一个由 7000 多个岛屿组成的岛国，国土面积 29.97 万平方千米，人口数量约 1.02 亿。马来族占全国人口的 85% 以上。国语是以他加禄语为基础的菲律宾语，英语为官方语言。

菲律宾的经济为出口导向型经济，对外部市场依赖较大。第三产业在国民经济中地位突出,农业和制造业也占相当比重。2018 年实现国内生产总值约 3349 亿美元，人均国内生产总值约 3198 美元。

中国日化品牌隆力奇在菲律宾设有分公司。

8. 印度尼西亚

印度尼西亚全称印度尼西亚共和国（Republic of Indonesia），位于亚洲东南部，地跨赤道，70% 以上领土位于南半球，是亚洲南半球最大的国家，由太平洋和印度洋之间约 17508 个大小岛屿组成，是世界上最大的群岛国家。

印度尼西亚的国土面积为 191.35 万平方千米，人口数量 2.62 亿，是世界第四人口大国，有数百个民族，其中爪哇族人口占 45%。官方语言为印尼语。

印度尼西亚是东盟最大的经济体。农业、工业、服务业均在国民经济中发挥重要作用。2018 年实现国内生产总值约 1.04 万亿美元，人均国内生产总值约 3969 美元。

中国食品饮料品牌蒙牛在印度尼西亚西爪哇省芝卡朗（Cikarang）建有“蒙牛优益（Yoyi）C 工厂”。

9. 印度

印度全称印度共和国（Republic of India），是南亚次大陆最大的国家，国土面积约 298 万平方千米，面积居世界第 7 位。

印度拥有 13.24 亿人口，居世界第 2 位。有 100 多个民族，其中印度斯坦族约占总人口的 46.3%。官方语言是印地语和英语。

20 世纪 90 年代以来，印度的服务业发展迅速，现已成为全球软件、金融等服务业的重要出口国。2017/2018 财年，印度实现国内生产总值 2.58 万亿美元，人均国内生产总值 1792 美元。

印度矿产资源丰富，有矿藏近 100 种。云母产量世界第一，煤和重晶石产量世界第三。印度拥有世界 1/10 的可耕地，面积约 1.6 亿公顷，是世界上最大的粮食生产国之一，农村人口占总人口 72%。

中国著名消费电子品牌海尔在印度建有 1 个子公司，2 个工业园，超过 6500 家销售渠道，29 个物流中心，10 家技术服务中心，一个“24 × 7”的呼叫中心和 165 个体验中心；美的在印度建有 1 个占地约 27 万平方米，包含家用电器、暖通空调和空调压缩机三大生产工厂的科技园；小米在印度的农村地区开设了 5000 多家专卖店；OPPO 在印度建有海得拉巴研发中心；长虹在印度建有代表处。

10. 巴基斯坦

巴基斯坦全称巴基斯坦伊斯兰共和国（Islamic Republic of Pakistan），位于南亚次大陆西北部，国土面积 79.6 万平方千米，人口 2.08 亿，是一个多民族国家，其中旁遮普族占 63%，官方语言为乌尔都语和英语。

巴基斯坦经济以农业为主，农业产值占国内生产总值 19.5%。2017/2018 财年（2017 年 7 月至 2018 年 6 月）实现国内生产总值 3130 亿美元，人均国内生产总值 1641 美元。

由于巴基斯坦工业基础较为薄弱，政府对家电产品设置了高达 70% 的整机进口关税来保护当地工业发展。

中国消费电子品牌长虹在巴基斯坦建有一家合资公司——长虹 RUBA 公司，在巴基斯坦拉合尔建立了冰箱、电视、空调工厂，以及饮水机、微波炉、音响系统、洗衣机、热水器等生产线，拥有全品类家用电器的生产能力。

11. 以色列

以色列全称以色列国（The State of Isratl），位于亚洲最西端，实际控制的国土面积约 2.5 万平方千米，人口 902 万（2019 年），其中犹太人约占 74.5%，其余为阿拉伯人、德鲁兹人等。希伯来语为以色列的官方语言，通用英语。

以色列的经济属于混合型经济，工业化程度较高，以知识密集型产业为主，高附加值农业、生化、电子、军工等部门技术水平较高。总体经济实力较强，竞争力居世界先列。2018年实现国内生产总值3696.90亿美元，人均国内生产总值4.16万美元。

中国消费电子品牌美的在以色列建有海外研发中心。

二、欧洲市场

1. 英国

大不列颠及北爱尔兰联合王国（The United Kingdom of Great Britain and Northern Ireland），简称英国，本土位于欧洲大陆西北面的不列颠群岛，总面积24.41万平方千米（包括内陆水域），总人口6644万（2018年），其中以英格兰人（盎格鲁－撒克逊人）为主体民族，占全国总人口的83.9%。官方语言为英语。

英国是一个高度发达的资本主义国家，世界第五大经济体。私有企业是英国经济的主体，占国内生产总值的60%以上，服务业占国内生产总值的3/4，制造业只占1/10左右。2018年实现国内生产总值2.825万亿美元，人均国内生产总值4.2491万美元。

中国的纺织服装品牌波司登在英国伦敦建立了自己的欧洲总部和品牌旗舰店，旅游服务品牌携程在英国爱丁堡建有海外呼叫中心。

2. 法国

法国全称法兰西共和国（French Republic），位于欧洲西部，国土面积55万平方千米（不含海外领地），是欧盟面积最大的国家。人口数量 6699 万（含海外领地），其中本土人口 6481 万。

法国是最发达的工业国家之一，世界第一大旅游接待国，在核电、航空、航天和铁路方面居世界领先地位。2018 年实现国内生产总值 2.778 万亿美元，人均国内生产总值 4.1464 万美元。

中国日化品牌上海家化在法国巴黎建有品牌旗舰店。

3. 意大利

意大利全称意大利共和国（Repubblica Italiana），位于欧洲南部，国土面积 30.13 万平方千米，人口数量 6040 万，主要民族是古罗马拉丁民族，官方语言为意大利语。

意大利是发达工业国，欧洲第四大、世界第八大经济体。中小企业发达，被誉为“中小企业王国”，中小企业数量占企业总数的 98% 以上。2018 年实现国内生产总值 2.074 万亿美元，人均国内生产总值 3.4318 万美元。

中国消费电子品牌美的在意大利建有海外研发中心。

4. 德国

德国全称德意志联邦共和国（Federal Republic of Germany），位于欧洲中部，国土面积 35.7376 万平方千米，人口数量为 8298 万，是欧盟人口最多的国家。主要民族是德意志人，通用德语。

德国是高度发达的工业国，经济总量位居欧洲首位，世界第四。2018 年实现国内生产总值 3.997 万亿美元，人均国内生产总值 4.8196 万美元。

中国消费电子品牌美的在德国建有海外研发中心，汽车品牌奇瑞在德国法兰克福建有欧洲研发中心。

5. 比利时

比利时全称比利时王国（The Kingdom of Belgium），位于西欧，国土面积为3.0528万平方千米，人口数量1137.6万（2018年1月），官方语言为荷兰语、法语和德语。

比利时为发达的资本主义工业国家，经济高度对外依赖，80%的原料靠进口，50%以上的工业产品供出口。2018年实现国内生产总值5317.67亿美元，人均国内生产总值4.6556万美元。

中国信息技术品牌阿里巴巴旗下的菜鸟网络在比利时烈日机场建有物流枢纽。

6. 西班牙

西班牙全称西班牙王国（The Kingdom of Spain），位于欧洲西南部，国土面积为50.6万平方千米，拥有人口4673万，主要是卡斯蒂利亚人（即西班牙人），卡斯蒂利亚语（即西班牙语）是官方语言和全国通用语言。

西班牙是中等发达的资本主义工业国，经济总量居欧盟第五位。主要工业有纺织、钢铁、水泥、造船、汽车制造、电力等。农业现代化水平较高，橄榄油产量和葡萄种植面积均居世界第一。2018年实现国内生产总值1.426万亿美元，人均国内生产总值3.0524万美元。

中国消费电子品牌长虹在西班牙建有研发中心。

7. 奥地利

奥地利全称奥地利共和国 (The Republic of Austria)，是一个位于中欧南部的内陆国家，国土面积为 83879 平方千米，人口数量为 886 万（2019 年 1 月 1 日），官方语言为德语。

奥地利地处欧洲中心，是欧洲重要的交通枢纽，经济增长速度高于欧盟平均水平。奥地利的工业特点是国有化程度高，国有企业控制了 95% 的基础工业和 85% 以上的动力工业，其产值及职工人数均占其总数的 70%。2018 年实现国内生产总值 4557.37 亿美元，人均国内生产总值 5.1513 万美元。

中国消费电子品牌美的在奥地利建有海外研发中心。

8. 捷克

捷克全称捷克共和国（The Czech Republic），位于欧洲中部，国土面积为 78866 平方千米，人口数量 1065 万（2019 年），其中约 90% 以上为捷克族，官方语言为捷克语。

捷克为中等发达国家，工业基础雄厚，2006 年被世界银行列入发达国家行列。2018 年实现国内生产总值 2222 亿美元，人均 2.086 万美元。

中国消费电子品牌长虹在捷克建有海外研发中心。

9. 俄罗斯

俄罗斯全称俄罗斯联邦（Russian Federation），横跨欧亚大陆，国土面积为 1709.82 万平方千米，居世界第一位。人口数量 1.46 亿，民族 194 个，其中俄罗斯族占 77.7%。官方语言为俄语。

俄罗斯的自然资源十分丰富，森林覆盖面积 1126 万平方千米，占国土面积 65.8%，居世界第一位。木材蓄积量居世界第一位。天然气已探明蕴藏量占世界探明储量的 25%，居世界第一位。铁、镍、锡蕴藏量居世界第一位。黄金储量居世界第三位。铀蕴藏量居世界第七位。2018 年实现国内生产总值 1.658 万亿美元，人均国内生产总值 1.1289 万美元。

中国消费电子品牌华为在俄罗斯建有三个科研中心；中国汽车品牌长城汽车在俄罗斯建有首家海外全资子公司——哈弗汽车俄罗斯有限公司（俄哈弗），首家自营 4S 店，首个四大全工艺独资制造工厂——图拉工厂。

三、美洲市场

1. 美国

美国全称美利坚合众国（United States of America），位于北美洲中部，国土面积为 937 万平方千米，人口约 3.30 亿（截至 2019 年 7 月），其中非拉美裔白人约占 62.1%，拉美裔约占 16.9%。通用英语。

美国有高度发达的现代市场经济，国内生产总值居世界首位。2018 年实现国内生产总值 20.5 万亿美元，人均国内生产总值 5.9532 万美元。

美国自然资源丰富，矿产资源总探明储量居世界首位。煤、石油、天然气、铁矿石、钾盐、磷酸盐、硫黄等矿物储量均居世界前列。

中国的纺织服装品牌亚光家纺在美国纽约建有全球总部，消费电子品牌长虹和美的在美国建有海外研发中心，汽车品牌比亚迪在美国兰卡斯特建有电动巴士生产工厂，日化品牌隆力奇在美国洛杉矶设有分公司。

2. 加拿大

加拿大（Canada）位于北美洲北部，国土面积为 998 万平方千米，居世界第二位，人口数量为 3741 万（2019 年 6 月），主要为英、法等欧洲后裔。英语和法语同为官方语言。

加拿大是西方七大工业国家之一。制造业、高科技产业、服务业发达，资源工业、初级制造业和农业是国民经济的主要支柱。2018 年实现国内生产总值 1.709 万亿美元，人均国内生产总值 4.6125 万美元。

中国汽车品牌比亚迪在加拿大建有电动车生产工厂，奇瑞汽车在加拿大多伦多建有捷途北美研发中心。

3. 墨西哥

墨西哥全称墨西哥合众国（The United Mexican States），位于北美洲南部，国土面积为 196.4375 万平方千米，人口数量 1.23 亿（2017 年），印欧混血人和印第安人占总人口的 90%以上，主要使用语言为西班牙语。

墨西哥是拉美经济大国，《美墨加协定》（原北美自由贸易区）成员，世界最开放的经济体之一，同 46 个国家签署了自贸协定。工业门类齐全，石化、电力、矿业、冶金和制造业较发达。传统农业国，是玉米、番茄、甘薯、烟草的原产地。2018 年实现国内生产总值 1.2 万亿美元，人均国内生产总值 9715 美元。

中国消费电子品牌小米在墨西哥开设有 20 多家小米之家专卖店。

4. 巴西

巴西全称巴西联邦共和国（The Federative Republic of Brazil），位于南美洲东部，国土面积为 851.49 万平方千米，人口数量 2.1 亿（2019 年），白种人占 53.74%，黑白混血种人占 38.45%，官方语言为葡萄牙语。

巴西的经济实力居拉美首位、世界第九位（2018 年）。农牧业发达，是多种农产品主要生产国和出口国。工业基础雄厚，门类齐全，民用支线飞机制造业和生物燃料产业在世界上居于领先水平。服务业产值占国内生产总值近六成。2018 年，巴西实现国内生产总值 1.87 万亿美元，人均国内生产总值 8970 美元。

中国消费电子品牌长虹在巴西建有代表处。

5. 秘鲁

秘鲁全称秘鲁共和国（The Republic of Peru），位于南美洲西部，国土面积为 128.5216 万平方千米，人口数量 3123 万（2017 年），其中印第安人占 45%，印欧混血种人占 37%，官方语言为西班牙语。

秘鲁是传统农矿业国，经济在拉美国家中居于中等水平。2018 年，秘鲁实现国内生产总值 2315.67 亿美元，人均国内生产总值 7198 美元。

秘鲁矿业资源丰富，银、铜、铅、金储量分别位居世界第一、第三、第四、第六，是世界第五大矿产国和世界第二大产铜国。森林面积 7800 万公顷，森林覆盖率 58%，在南美洲仅次于巴西。渔业资源丰富，鱼粉产量居世界前列。

中国汽车品牌东风汽车在秘鲁拥有 2 家 4S 店，13 个经销网点，11 家售后服务网点。

四、非洲市场

1. 阿尔及利亚

阿尔及利亚全称阿尔及利亚民主人民共和国（People's Democratic Republic of Algeria），位于非洲西北部，国土面积为 238 万平方千米，是非洲面积最大的国家，人口数量 4220 万（2017 年），大多数是阿拉伯人，官方语言为阿拉伯语，通用法语。

阿尔及利亚的经济规模在非洲位居前列。2018 年实现国内生产总值 1880 亿美元，人均国内生产总值 4450 美元。

中国消费电子品牌长虹在阿尔及利亚建有代表处。

2. 尼日利亚

尼日利亚全称尼日利亚联邦共和国（Federal Republic of Nigeria），位于西非东南部，国土面积为 92.3768 万平方千米，人口数量 2.01 亿，有 250 多个民族，其中最大的是北部的豪萨 - 富拉尼族（占全国人口 29%）、西部的约鲁巴族（占 21%）和东部的伊博族（占 18%）。官方语言为英语。

尼日利亚是非洲最大的产油国，也是非洲第一大经济体。2018 年实现国内生产总值 4218 亿美元，人均国内生产总值 2099 美元。

中国日化品牌隆力奇在尼日利亚设有分公司，在尼日利亚莱基自贸区设有智能化生产工厂。

3. 加纳

加纳全称加纳共和国（The Republic of Ghana），位于非洲西部、几内亚湾北岸，国土面积为23.8537万平方千米，人口数量2950万（2018年），共有4个主要民族——阿肯族（52.4%）、莫西－达戈姆巴族（15.8%）、埃维族（11.9%）和加－阿丹格贝族（7.8%）。官方语言为英语。

矿产品、可可和木材是加纳的三大支柱产业。2007年，加纳发现石油资源，探明储量约15亿桶，2010年年底实现商业开采。2018年，实现国内生产总值约656亿美元，人均国内生产总值约2224美元。

中国日化品牌隆力奇在加纳设有分公司。

4. 喀麦隆

喀麦隆全称喀麦隆共和国（Republic of Cameroon），位于非洲中部，国土面积为47.5442万平方千米，人口数量2405万（2017年），约有200多个民族。法语和英语为官方语言。

喀麦隆的支柱产业为农业和畜牧业，工业有一定基础。2018年实现国内生产总值385.03亿美元，人均国内生产总值1601美元。

中国日化品牌隆力奇在喀麦隆设有分公司。

5. 南非

南非全称南非共和国（The Republic of South Africa），位于非洲大陆最南端，国土面积为121.9090万平方千米，人口数量5652万（南非统计局2017年年中统计数字）。英语和阿非利卡语为通用语言。

南非属于中等收入的发展中国家，也是非洲经济最发达的国家之一。2018 年实现国内生产总值约 3794 亿美元，人均国内生产总值约 6575 美元。

南非矿产资源丰富，是世界五大矿产资源国之一。现已探明储量并开采的矿产有 70 余种。铂族金属、氟石、铬的储量居世界第一位，黄金、钒、锰、锆居第二位。

中国日化品牌隆力奇在南非设有分公司。

6. 科特迪瓦

科特迪瓦全称科特迪瓦共和国（The Republic of Côte d'ivoire），位于非洲西部，国土面积为 32.2463 万平方千米，人口数量 2490 万（2018 年）。全国有 69 个民族，分为 4 大族系：阿肯族系约占 42%，曼迪族系约占 27%，沃尔特族系约占 16%，克鲁族系约占 15%。官方语言为法语。

科特迪瓦实行以“自由资本主义”和“科特迪瓦化”为中心内容的自由经济体制。2018 年实现国内生产总值（GDP）449.7 亿美元，人均国内生产总值 1806 美元。

中国日化品牌隆力奇在科特迪瓦设有分公司。

五、大洋洲市场

1. 澳大利亚

澳大利亚全称澳大利亚联邦（Commonwealth of Australia），位于南太平洋和印度洋之间，国土面积为 769.2 万平方千米，人口 2544 万（2019 年 7 月），其中 74% 为英国及爱尔兰裔，5.6% 为华裔。官方语言为英语，汉语为除英语外第二大使用语言。

澳大利亚是一个工业化国家，农牧业发达，自然资源丰富，盛产羊、牛、小麦和蔗糖，同时也是世界重要的矿产品生产和出口国。2018 年实现国内生产总值 1.432 万亿美元，人均国内生产总值 5.7305 万美元。

中国的纺织服装品牌亚光家纺在澳大利亚悉尼建有研发设计中心，江南布衣在澳大利亚墨尔本建有品牌专卖店。

2. 新西兰

新西兰（New Zealand）位于太平洋西南部，国土面积约 27 万平方千米，人口数量 492 万（2019 年 6 月），其中欧洲移民后裔占 74%，毛利人占 15%，亚裔占 12%。官方语言为英语、毛利语。

新西兰的经济以农牧业为主，农牧产品出口约占出口总量的 50%。羊肉和奶制品出口量居世界第一位，羊毛出口量居世界第三位。2018 年实现国内生产总值 2050.25 亿美元，人均国内生产总值 4.1966 万美元。

中国乳业品牌蒙牛旗下的雅士利国际在新西兰建有奶粉生产工厂。

附录四　商标国际注册马德里体系简介

一、马德里体系概述

目前，商标注册申请人申请在国外注册商标有两种途径：一是逐一国家注册，即分别向各国商标主管机关申请注册；二是马德里商标国际注册。人们通常所说的商标国际注册，指的就是马德里商标国际注册。

所谓马德里体系，是一个商标国际注册体系，全称是商标国际注册马德里体系，创立于 1891 年，共包括三个法律文件，即《马德里协定》《马德里议定书》和《马德里协定及其有关议定书的共同实施细则》（以下简称《共同实施细则》）。

马德里体系由设在瑞士日内瓦的世界知识产权组织（WIPO）国际局管理。截至目前，马德里体系共有 106 个成员，覆盖 122 个国家。这些成员代表了世界贸易的 80%，而且有潜力随着成员增加而扩大。

所谓马德里商标国际注册，是指通过马德里体系，即根据《马德里协定》《马德里议定书》及《共同实施细则》的规定进行的商标注册。凭借马德里体系的优势，商标权利人直接向其本国或本地区商标主管机关递交一份国际注册申请书，便能够使其商标在马德里联盟内的多个缔约方（缔约国或缔约组织）获得保护。

在马德里体系出现之前，如果申请人想去其他国家注册商标，只能分别向不同国家的商标主管机关直接提交申请，并且一般都被要求委托该国的律师或代理组织来代理。如果申请注册的国家较多，因各国的语言、申请程序及相关法律不同所致，不仅工作量非常大，而且在确权时间上也没有保障。

在这种情况下，在法国、德国、意大利、荷兰、比利时、葡萄牙、瑞士和卢森堡等国的主导之下，1891 年 4 月 14 日在西班牙马德里签订了《商标国际注册马德里协定》（以下简称《马德里协定》）。《马德里协定》生效之后，不少国家先后加入了该协定，我国也于 1989 年 10 月 4 日成为该协定缔约方。

虽然《马德里协定》具有审查时限短（12 个月）、收费低（补充注册费仅为 73 瑞士法郎）、语言单一（只有法语）等明显优点，但是它的这些显著特点却成为其吸引诸如美国、日本、英国、澳大利亚等一些经济大国加入的障碍。

经过与美国、日本、英国等国的多轮磋商，世界知识产权组织于 1989 年 6 月 27 日在马德里主持通过了《商标国际注册马德里协定有关议定书》（以下简称《马德里议定书》）。我国于 1995 年 12 月 1 日加入该议定书，成为第一批缔约国。

《马德里协定》和《马德里议定书》是两个平行的条约，相互独立，有各自的成员，但成员有重叠。《马德里议定书》的签订旨在将一些改进措施引入马德里体系，以弥补《马德里协定》的一些不足，从而吸引更多的国家或组织加入。

总的来说，如今的马德里体系，拥有手续简单、费用低廉、有确定的审查期限、减少主管局的工作量等优点。

二、如何办理马德里商标国际注册申请

（一）申请人资格

申请人应在我国设有真实有效的工商营业场所，或在我国境内有住所，或拥有我国国籍。

（二）申请条件

申请国际注册的商标可以是已在我国获得注册的商标，也可以是已在我国提出注册申请并被受理的商标。

（三）办理途径

通过商标局申请马德里商标国际注册有两条途径：

（1）委托国家认可的商标代理机构办理。

（2）申请人自行向商标局提交申请。

（四）办理步骤

1. 准备申请材料

办理马德里商标国际注册需要准备的材料包括：

（1）马德里商标国际注册中文申请书。

（2）外文申请书（MM2[①] 表格）。

（3）申请人资格证明文件，如营业执照复印件、居住证明复印件、身份证件复印件等。

（4）委托代理人的，应附送代理委托书。

（5）指定美国的，一并提交 MM18[②] 表格。

2. 提交申请材料

向商标局国际注册处提交申请材料。

3. 缴纳注册费用

商标局收到手续齐备的申请材料之后，登记收文日期，编定申请号，计算申请人所需缴纳的费用，向申请人或代理人发出《收费通知单》。

申请人或代理人应在收到《收费通知书》之日起 15 日内向商标局缴纳有关费用。商标局只有在收到如数的款项后，才会向国际局递交申请。例如，申请人或代理人逾期未缴纳规费，商标局不受理其申请，并书面通知申请人。

① 马德里国际商标申请的外文申请书也被通俗地称为 MM 表格，是因为申请书的名字是以 MM 这两个拉丁字母开头的，比如 MM1、MM2 等。MM 两个字母是英文 Madrid 和 Marks 或者法文 Madrid 和 Marques 两个单词的首字母缩写。外文申请书的选择在整个申请过程中至关重要，其规则如下：我国申请人仅指定了纯《马德里协定》缔约方，填写 MM1 表格；申请人指定了《马德里议定书》缔约方的（该缔约方可以是纯《马德里议定书》缔约方，也可以是同属《马德里协定》和《马德里议定书》的缔约方），填写 MM2 表格。MM2 表格也是我国申请人在申请马德里国际商标注册时最常用的表格。

② MM18是申请人指定美国时需要提交的一份使用该商标的意向声明，表明申请人有诚意在商业中使用商标，并将商标用于所指明的商品和服务上。

4. 领取《国际注册证》

世界知识产权组织（WIPO）国际局收到符合《商标国际注册马德里协定及其议定书共同实施细则》的国际注册申请后，即在国际注册簿上进行登记注册，并给商标注册申请人颁发《国际注册证》并通知各被指定缔约方商标主管机关。

《国际注册证》由国际局直接寄送给商标局国际注册处，再由商标局国际处转寄给申请人或商标代理机构。

（五）申请书填写要求

1. 申请人信息

（1）申请人名称：要求和基础商标的注册人 / 申请人名称一致。申请人是法人的，应填写全称；如果申请人是自然人，应填写姓名。另外，法人如有正式英文或法文名称的，应连同中文一起填写。

（2）申请人地址：要求与基础商标的注册人 / 申请人地址一致。可按照省份、城市、街道、门牌号码、邮政编码的顺序填写，如中国北京市金台路 2 号，邮政编码：100260。

（3）申请人通信地址：如申请人实际通信地址与申请人地址不同，可增加填写此项。

（4）收文语言选择：此处在所选语言左侧方框内打上“×”标记。

2. 申请人资格

如果申请人指定保护的国家为《马德里协定》成员，这一项中可供申请人选择的三种情况（见第 248 页（一）申请人资格）应依次选择，即申请人首先衡量自己是否符合第一种情况，若符合，应首选第一种，若不符合，再选第二种，第二种也不符合的，再选第三种。若三种都符合或符合两种，则应选在前的一种。如果申请人指定保护的国家为《马德里议定书》成员，这三种情况中，申请人只要任选符合的一种即可。

3. 代理人信息

如申请人直接办理的，这一栏无须填写。

4. 基础申请或基础注册

这里指在我国的商标申请和注册，而不是国际注册商标的申请和注册。例如，申请人就同一商标的多个基础申请或基础注册提出国际注册申请，应将各个基础申请号、申请日期或基础注册号、注册日期逐一填写。

5. 优先权

若申请人要求优先权，应注明第一次申请的日期和申请号。

6. 商标

此处要求申请人粘贴商标图样，商标尺寸大小应按申请书的要求办理。

7. 其他事项

（1）要求颜色保护：如果申请人要求保护颜色，可作具体说明。

（2）立体商标：如基础商标是立体商标，此项必选。

（3）声音商标：如基础商标是声音商标，此项必选。

（4）集体或证明商标：如基础商标是集体或证明商标，此项必选。

（5）商标音译：此处仅将商标的标准汉语拼音填上即可。

8. 商品或服务及其类别

（1）商品或服务及其类别概述。

这里指商品或服务的填写，应按《商标注册用商品和服务国际分类表》中所列的商品和服务类别顺序填写。例如，第一类，乙醇、工业用酒精；第五类，阿司匹林、婴儿食品；第九类，音响、显像管。其中，在填写时不得把第九类排在第五类前，或把第五类排在第一类前。注意填写的商品或服务不得超过基础申请或注册的商品或服务的范围。

（2）如有对具体国家作商品或服务及类别的限定，请注明具体被指定缔约方及在该被指定缔约方申请保护的所有类别及商品或服务。限定的商品或服务不得超出（1）项中指定商品或服务的范围。

9. 指定保护的缔约方

申请人在想要获得保护的缔约方左侧的方框内打上“×”标记，如申请人指定保护的国家为德国、法国、意大利三国，申请人只需在这三个国家左侧的方框打“×”即可；如申请人已获得国内受理通知书，可指定同属协定或议定书缔约方，及纯议定书缔约方；如已获得国内注册证，可指定所有缔约方。

10. 本申请交费方式

在所选择交费方式左侧方框内打“×”标记。

（六）注意事项

1. 指定美国、日本、韩国、新加坡等国家的国际注册申请

指定美国、日本、韩国、新加坡等国家的国际注册申请时，时常会收到这些国家的审查意见书或临时驳回通知书。出现这类问题的原因在于，这些国家在加入马德里联盟时，对《马德里协定》或《马德里议定书》的某些条款做了保留或声明，对马德里国际注册申请的某些要件进行审查时，主要依据本国法律和规定。

因此，申请人在填写外文申请表格时注意以下内容：

（1）企业性质一栏：美国要求必须填写，可接受Corporation（公司），Unincorporated Association（非公司社团），Joint Venture（合资企业）或者Paternership（合伙企业）等。

（2）商标意译一栏：新加坡要求中文商标必须对汉字进行逐一翻译，商标整体也要说明有无含义；美国要求说明商标有无含义，是否表示地理名称，在相关的产品或服务行业中是否有特殊含义。

（3）商品一栏：美国要求商品的申报必须符合其国内《可接受的商品和服务分类手册》（Acceptable Identification of Goods and Services Manual）的要求，马德里国际注册通用的《尼斯国际分类》只是作为参考。日本、韩国也有类似的要求。因此，指定美国、日本、韩国的申请人在填写外文表格时，10（a）和10（b）最好一起填写。10（b）一栏是在指定国家对商品做限制，即在不超出商品范围的情况下，对商品做出删除或细化。例如，美国不接受“服装”，但是接受“服装，即衬衫、毛衣、风衣、裤子和运动外套”。

（4）指定美国时，必须填写MM18表格。MM18表格中Signature一栏必须为个人签名，Signatory's Name (Printed)一栏必须打印签字人姓名的拼音，Signatory's Title一栏必须打印签字人的职务。Date of Execution (dd/mm/yyyy)一栏日期的填写方式是日/月/年，如2018年6月18日，应该填写为18/06/2018。Information Required by the International Bureau（国际局要求的资料）也要一并填写。

2. 国际注册有效期

国际注册有效期为10年，自国际注册日起计算，有效期满后，如想继续使用的，应当续展注册。

（七）后续业务办理

1. 如何办理马德里商标国际注册后期指定

（1）简介：后期指定是指商标获得国际注册后，商标注册人就该国际注册所有或部分商品和服务申请领土延伸至一个或多个国家。

（2）申请材料：A. 马德里商标国际注册后期指定申请书；B. 外文申请书（MM4）；C. 委托代理人的，应附代理委托书；D. 指定美国的，一并提交 MM18 表格。

（3）注意事项：后期指定申请，可直接向世界知识产权组织国际局递交，或通过商标局转递国际局，或在世界知识产权组织网站上使用 e-Subsequent Designation 工具进行在线后期指定。后期指定的缔约方，在国际注册商标到期续展时，需一并进行续展。

2. 如何办理马德里商标国际注册转让

（1）简介：转让，是指国际注册所有人将其国际注册商标专用权让与他人的法律行为。受让人应当在缔约方境内设有真实有效的工商营业场所，或者在缔约方境内有住所，或者是缔约方国民。

（2）申请材料：A. 填写并加盖转让人、受让人公章的马德里商标国际注册转让申请书；B. 外文申请书（MM5）；C. 转让人、受让人资格证明文件，如营业执照复印件、居住证明复印件、身份证件复印件等；D. 委托代理人的，应附代理委托书。

（3）注意事项：转让申请可直接向世界知识产权组织国际局递交，或通过商标局转递国际局。

3. 如何办理马德里商标国际注册删减

（1）简介：删减是指申请人在全部或部分被指定缔约方删减商品或服务。

（2）申请材料：A. 马德里商标国际注册删减申请书；B. 外文申请书（MM6）；C. 委托代理人的，应附送代理委托书。

（3）注意事项：删减申请可直接向世界知识产权组织国际局申请办理或通过商标局转递国际局。

4. 如何办理马德里商标国际注册放弃

（1）简介：放弃是指申请人在部分缔约方放弃对全部商品或服务的保护。

（2）申请材料：A. 马德里商标国际注册放弃申请书；B. 外文申请书（MM7）；C. 委托代理人的，应附送代理委托书。

（3）注意事项：放弃申请可直接向世界知识产权组织国际递交，或通过商标局转递国际局。

5. 如何办理马德里商标国际注册注销

（1）简介：注销是指申请人在全部缔约方对全部或部分商品或服务进行注销。

（2）申请材料：A. 马德里商标国际注册注销申请书；B. 外文申请书（MM8）；C. 委托代理人的，应附送代理委托书。

（3）注意事项：注销申请可直接向世界知识产权组织国际局递交，或通过商标局转递国际局。

6. 如何办理马德里商标国际注册注册人名称 / 地址变更

（1）简介：马德里商标国际注册的注册人名称或地址发生变更的，需办理注册人名称或地址变更申请。

（2）申请材料：A. 马德里商标国际注册变更申请书；B. 外文申请书（MM9）；C. 相应的变更证明文件（如基础商标已

经核准变更，无须提交商标局核准变更证明复印件；如基础商标尚未核准变更，可提交登记机关变更核准文件复印件或登记机关官方网站下载打印的相关档案作为变更证明文件）；D. 委托代理人的，应附送代理委托书。

（3）注意事项：注册人名称或地址变更可直接向世界知识产权组织国际局递交或通过商标局转递国际局。

7. 如何办理马德里商标国际注册代理人名称 / 地址变更

（1）简介：马德里商标国际注册所登记的代理人名称或地址发生变更的，需办理代理人名称或地址变更申请。

（2）申请材料：A. 马德里商标国际注册代理人名称地址变更申请书；B. 外文申请书（MM10）。

（3）注意事项：此业务可直接向世界知识产权组织国际局申请办理或通过商标局转递国际局。

8. 如何办理马德里商标国际注册续展

（1）简介：马德里商标国际注册的有效期满后，如想继续使用的，应办理续展。《马德里协定》和《马德里议定书》规定，国际注册商标的有效期为 10 年。在有效期届满之前 6 个月，国际局将非正式地通知商标注册人有关续展事宜，包括有效期届满日期。如果注册人未能在有效期届满日前申请续展，国际局会给予 6 个月的宽展期。在宽展期内仍未申请续展的，国际局将注销该国际注册。在上述期限内申请的，商标国际注册有效期得以续展 10 年。

（2）申请材料：A. 马德里商标国际注册续展申请书；B. 外文申请书（MM11）；C. 委托代理人的，应附送代理委托书。

（3）注意事项：续展申请可通过商标局办理，或直接向世界知识产权组织国际局申请办理，或在世界知识产权组织网站上使用 E-renewal 工具进行在线续展。

9. 如何办理马德里商标国际注册指定代理人

（1）简介：马德里商标国际注册的注册人如需委托新的代理人，可办理指定代理人申请。

（2）申请材料：A. 马德里商标国际注册指定代理人申请书；B. 外文申请书（MM12）；C. 商标代理委托书。

（3）注意事项：A. 此业务可直接向世界知识产权组织国际局申请办理或通过商标局转递国际局。B. 申请人须通过在商标局备案的商标代理机构办理。

参考文献

[1] 梁莉萍. 中国温暖"突袭"加拿大,波司登匠心追求获好评[J]. 中国纺织，2019（9）.

[2] 丁晓冰 . 隆力奇勇闯国际市场 [J]. 知识经济，2019（14）.

[3] 工业和信息化部消费品工业司 . 中国家用电器行业品牌发展报告（2017—2018 年度）[J]. 家用电器，2018（12）.

[4] 王琛, 刘芳, 李媛, 等 . 中国乳企境外发展战略及对策研究 [J]. 中国畜牧杂志，2019，55（1）.

[5] 周炜 . 泸州老窖携手澳网开启白酒国际化新时期 [N]. 四川日报，2018-10-11（5）.

[6] 潘林兴 . 中国家电品牌国际化道路探讨 [J]. 中国国际财经，2018（4）.

[7] 汪蕙 . 蒙牛：左手世界杯，右手国际化 [J]. 农经，2018（3）.

[8] 任媛媛 . 当前我国纺织服装对外贸易发展的新趋势与提升路径 [J]. 对外经贸实务，2018（7）.

[9] 肖必燕 . 我国运动服装品牌国际化战略研究 [J]. 商场现代化，2018（24）.

[10] 刘保建 . 国际化将成酒企领先的标志 [N]. 华夏酒报，2017-11-14（A01）.

[11] 潘登 . 中国乳品企业国际化问题研究 [D]. 北京：北京外国语大学，2017.

[12] 郭旭，张颖，王鑫，等 . 茅台酒国际市场状况及发展对策研究 [J]. 酿酒科技，2017（6）.

[13] 刘烨莎．中国化妆品品牌国际化模式及影响因素研究 [D]. 上海：华东师范大学，2017.

[14] 孙秀文．我国家电行业的国际化战略发展：文献综述 [J]. 商，2016（25）.

[15] 杨宏远．我国家电企业品牌国际化问题研究 [D]. 长春：吉林大学，2016.

[16] 李冉．百威啤酒与青岛啤酒品牌国际化比较研究 [D]. 济南：山东师范大学，2016.

[17] 贵州茅台集团．贵州茅台国际化战略快速实施 [J]. 理论与当代，2016（1）.

[18] 张惠．青岛啤酒品牌全球化的跨文化传播研究 [D]. 南宁：广西大学，2016.

[19] 袁宝华，朱光好．中国纺织服装企业国际化发展研究 [J]. 现代商业，2016（34）.

[20] 梁莉萍．波司登：创新点"靓"品牌国际化道路 [J]. 中国纺织，2016（3）.

[21] 陈艳．中国家电品牌国际化 3S 模型构建及实施策略研究 [D]. 北京：北京交通大学，2015.

[22] 刘保建．白酒国际化探索再入活跃期 [N]. 华夏酒报，2015-5-19（A01）.

[23] 高明达．青岛啤酒国际化战略研究 [D]. 青岛：中国海洋大学，2015.

[24] 朱以菲．青岛啤酒美国市场经营战略探讨 [J]. 现代商业，2015（10）.

[25] 许坤．袁仁国：白酒国际化的思考与求索 [N]. 华夏酒报，2015-10-13（A30）.

[26] 施华玉，方丽，戴宗群 . 中国日化与国际接轨的对策思考 [J]. 商场现代化，2015（19）.

[27] 丁琳 . 佰草集品牌国际化策略研究 [D]. 兰州：兰州财经大学，2015.

[28] 梁澜 . 中国化妆品品牌国际化路径及影响因素研究 [D]. 上海：东华大学，2015.

[29] 刘友海 . 海信家电品牌在沙特市场的整合营销传播策略研究 [D]. 济南：山东大学，2014.

[30] 毕雅婷 . 海信国际化经营战略研究 [D]. 天津：河北工业大学，2014.

[31] 邹岚 . 浅析中国纺织服装如何构建国际强势品牌 [J]. 轻纺工业与技术，2014，43（3）.

[32] 陈黛霞 . 绿色贸易壁垒下绍兴纺织服装业出口分析 [D]. 杭州：浙江工业大学，2014.

[33] 朱宏达 . 全球价值链下波司登的国际化模式研究 [D]. 苏州：苏州大学，2014.

[34] 张轶 . 中国家电企业的品牌国际化问题研究 [D]. 济南：山东大学，2013.

[35] 彭维维 . 民族品牌国际化之道——诺奖得主埃尔文・罗斯论道隆力奇 [J]. 知识经济，2013（8）.

[36] 严皎婕 . 新型贸易壁垒下的浙江纺织业国际化进程 [J]. 中国商贸，2013（26）.

[37] 应晓月 . 波司登伦敦开旗舰店展国际化之美 [J]. 中国纺织，2012（8）.

[38] 钱丽娜 . 佰草集：十年海外市场征战笔记 [J]. 商学院，2012（5）.

[39] 叶飞，秦强．实施国际化战略研究——青岛金王的蜡烛王国 [J]. 新西部，2011（4）.
[40] 沈鹏熠．中国家电的品牌国际化营销模式 [J]. 销售与市场：管理版，2011（7）.
[41] 启言．上海家化打造国际品牌之攻略 [J]. 市场观察，2010（5）.
[42] 刘雅萍．小米公司国际化战略研究 [D]. 兰州：兰州财经大学，2019.
[43] 崔颖，王玲．浅析华为技术有限公司的国际化战略 [J]. 全球科技经济瞭望，2019，34（5）.
[44]Nguyen Thanh Nhan. OPPO 手机在越南的整合营销传播策略研究 [D]. 广州：华南理工大学，2019.
[45] 沐野，太阳．OPPO：以专利突围海外市场 [J]. 中国中小企业，2018(12).
[46] 邓晓诗．国际化战略下小米公司的海外市场进入浅析 [J]. 现代商业，2018(17).
[47] 马军舰．中国手机企业国际化经营模式研究 [D]. 武汉：华中科技大学，2018.
[48] 钱凤云．中国通信企业国际化影响因素分析 [D]. 上海：东华大学，2017.
[49] 张晓曦．华为技术有限公司国际营销策略研究 [D]. 天津：天津大学，2017.
[50] 陶勇．华为国际化熵变史 [J]. 经理人，2017（3）.
[51] 郝汉韬．华为公司国际化战略研究 [D]. 兰州：兰州财经大学，2016.
[52] 张明华．小米公司国际市场选择研究 [D]. 北京：北京理工大学，2016.

[53] 鲁娜 .“二十岁”的携程开启国际化新旅程 [N]. 中国文化报，2019-11-09（6）.
[54] 陈振江 . 锦江“欧洲攻略”[J]. 国企管理，2019（11）.
[55] 徐蒙，戚颖璞 . 锦江国际最新排名跃居全球第二 [J]. 企业与文化，2019（6）.
[56] 赵正 . 携程：国际化的创与变 [J]. 商学院，2018（10）.
[57] 赵正 . 携程国际化　四大品牌如何让你“说走就走”[J]. 商学院，2018（7）.
[58] 成征宇，师婷婷 . 我国旅游服务贸易竞争力研究 [J]. 经贸实践，2018（6）.
[59] 徐文俊 . 携程商旅国际化战略研究 [D]. 南京：南京大学，2016.
[60] 王勃鉴 . 中国南方航空公司澳洲市场营销策略研究 [D]. 阜新：辽宁工程技术大学，2016.
[61] 魏丽 . 中国南方航空公司国际化经营研究 [D]. 哈尔滨：黑龙江大学，2016.
[62] 刘刚，张晓兰 . 我国汽车产业国际化路径探讨——基于制造业转型升级战略背景 [J]. 商业经济研究，2020（2）.
[63] 向冰，徐越 . 加快吉利汽车国际化发展的建议——基于与丰田汽车的比较 [J]. 对外经贸，2019（7）.
[64] 张彦 . 比亚迪新能源汽车国际化经营研究 [D]. 武汉：华中科技大学，2019.
[65] 王大伟 . 北汽公司国际化战略研究 [D]. 兰州：兰州大学，2019.
[66] 公玮璇 . 吉利汽车国际化战略研究 [D]. 长春：吉林大学，2019.
[67] 陈鹏 . 长城汽车的海外发展战略 [J]. 汽车纵横，2018（9）.
[68] 谭勇 . 长城公司哈弗 SUV 欧洲业务拓展策略研究 [D]. 长沙：

湖南大学，2017.
[69] 王潇锋 . 吉利集团跨国经营区位选择分析 [D]. 兰州：兰州财经大学，2019.
[70] 刘茜 . 吉利并购沃尔沃的协同效应研究 [D]. 广州：广东工业大学，2019.
[71] 李五洲 . 吉利的海外“野心” [J]. 今日中国，2014（1）.
[72] 胡一鸣 . 比亚迪新能源汽车美国市场进入模式分析 [D]. 深圳：深圳大学，2018.
[73] 唐抗抗 . 比亚迪汽车国际化战略研究 [D]. 济南：山东大学，2017.
[74] 陈秀娟 . 比亚迪：从新加坡到亚非拉 [J]. 汽车观察，2017（6）.
[75] 马博 . 奇瑞汽车出口战略研究 [D]. 北京：首都经济贸易大学，2014.
[76] 孙冰露 . 上汽集团国际市场的进入模式选择 [D]. 兰州：兰州商学院，2014.
[77] 杜志琴 . 中国跨境电商企业国际化经营的实践与启示——以阿里巴巴为例 [J]. 天津商务职业学院学报，2019，7（5）.
[78] 刘鹏，侯玮迪，张凤 . 中国移动支付国际化动因与面临的挑战 [J]. 对外经贸实务，2018（5）.
[79] 钱丽娜 . 东方梦工厂：让世界读懂中国文化 [J]. 商学院，2018（10）.
[80] 李秀丽 . 媒介融合背景下民营电视国际传播的探索与实践——以蓝海电视台为例 [J]. 国际传播，2017（2）.
[81] 危华 . 参加国际文化展会：动漫企业“走出去”的一条捷径——以中南卡通为例 [J]. 浙江经济，2014（4）.
[82] 张跃 . 中国商标海外保护对策 [J]. 中华商标，2017（6）.